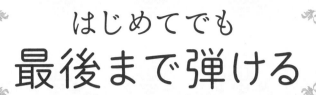

はじめてでも
最後まで弾ける

otona

大人のピアノ

piano

JN058210

丹内真弓 編著

心に響く
美しいメロディの
名曲 **77**

西東社

目
Contents
次

◎本書では初心者向けにやさしいアレンジにしておりますので、原曲と異なる部分がございます。

ピアノを弾く前に

本書を弾き進めるにあたって知っておきたい「楽譜の見方」の知識を説明します。

1 音の位置を確認

楽譜上の音と鍵盤がどう対応しているか、見てみましょう。音符は五線の下のほうにあるほど低い音、上のほうにあるほど高い音となります。

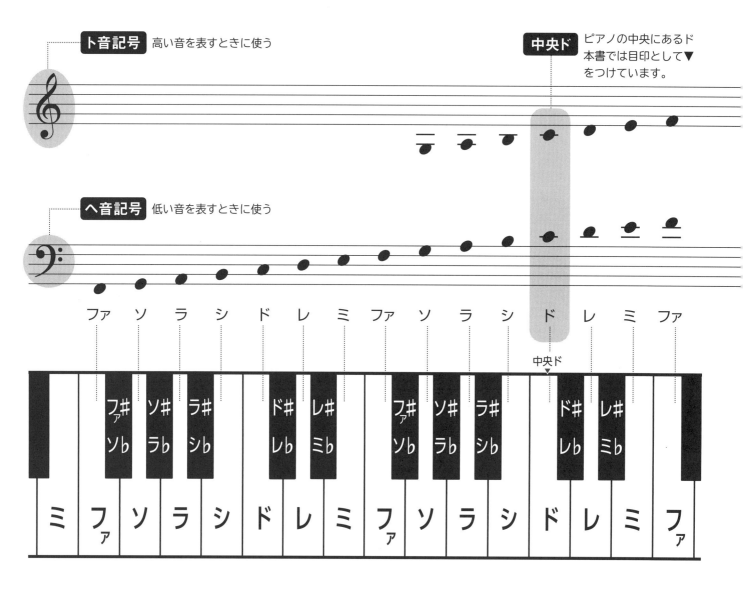

ト音記号 高い音を表すときに使う

中央ド ピアノの中央にあるド 本書では目印として▼をつけています。

ヘ音記号 低い音を表すときに使う

指番号 音符のそばにある数字は、その音をどの指で弾くかを示したもので「指番号」といいます。両手とも親指が1、小指に向かって2、3、4、5となります。

（右手）

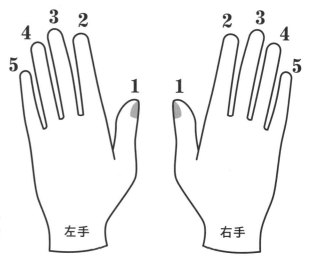

左手　右手

※楽譜に記載されている指番号は、あくまで参考であり、手の大きさや弾きやすさによって、各自が変えてもよいものです。何通りも考え方がありますので、楽譜の指番号は目安と捉えてください。

♯（シャープ）と♭（フラット） 音符の横に♯や♭がついている場合、その音の高さを変化させます（臨時記号）。ほとんどの場合、黒鍵の音を弾くことになります。♯や♭の効力は、その小節（➡p6）の終わりまで続きます。

♯（シャープ）
音を半音上げる
右上の黒鍵を弾く。黒鍵がない場合は右隣の白鍵を弾く。

ファ♯

♭（フラット）
音を半音下げる
左上の黒鍵を弾く。黒鍵がない場合は左隣の白鍵を弾く。

シ♭

♮（ナチュラル）
変化した音をもとの高さに戻す

ソ

高い音 ➡

ソ ラ シ ド レ ミ ファ ソ ラ シ ド レ ミ

ファ♯／ソ♭　ソ♯／ラ♭　ラ♯／シ♭　ド♯／レ♭　レ♯／ミ♭　ファ♯／ソ♭　ソ♯／ラ♭　ラ♯／シ♭　ド♯／レ♭　レ♯／ミ♭

ソ ラ シ ド レ ミ ファ ソ ラ シ ド レ ミ

スタートポジションをチェック！

本書では、各曲の「スタートポジション」を掲載しています。これは弾き始める前に、どの鍵盤にどの指を置いておくかを示したものです。色がついた鍵盤は、右手・左手それぞれの最初に押さえる音です。先を見越して鍵盤に手をセットしておくと、スムーズに弾き始めることができます。

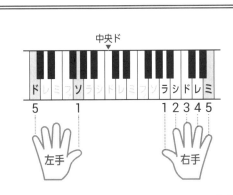

2 音の長さ

音を出す部分は「音符」、音を出さない部分は「休符」で表します。種類によって音の長さが異なります。音の長さの単位は「拍」です。

音符	長さ	休符
○ 全音符	4拍	▬ 全休符
♩ 2分音符	2拍	▬ 2分休符
♩ 4分音符	1拍	𝄽 4分休符
♪ 8分音符	1/2拍	𝄾 8分休符
♬ 16分音符	1/4拍	𝄿 16分休符

※全休符は1小節休むことを表します。4拍子の場合は4拍、3拍子の場合は3拍となります。

＜ その他の音符・記号 ＞

付点 もとの音符にその半分の長さを足す

付点2分音符（3拍）　　♩. ＝ ♩ ＋ ♪
付点4分音符（1.5拍）　♩.付点 ＝ ♩ ＋ ♪

3連符 音符を3等分する

1拍を3等分する　　2拍を3等分する

タイ タイでつながれた音符同士の長さを足す

♩⌣♩ ＝ ♩ ＋ ♩ ＝ ♩
タイ　　1拍　1拍　2拍

3 拍子

拍子とは、「1、2、3｜1、2、3｜…」など、その曲がもつ周期的なリズムのことをいいます。拍子記号を使って表します。

3/4 ─ 基準となる音符が1小節にいくつ入るかを表す（この場合、3つ）
　　 ─ 基準となる音符を表す（この場合、4分音符）

4分の3拍子 縦線で区切られた空間を「小節」という

小節　　　　小節
3/4　1　2　3　1　2　3

4分の4拍子 （ Ｃ と 4/4 の2種類の書き方がある）

1　2　3　4　1　2　3　4

＜ 1拍目以外から始まる曲 ＞

1拍目以外から始まる曲は、最初の小節を半端な拍数にして書かれます。このような始まり方を「弱起（じゃっき）」といいます。また、最初の半端な拍のことを「アウフタクト」ということもあります。

4　1　2　3　4

※弱起の曲では、最終小節の拍数を、最初の半端な拍数分減らして書かれる場合があります。本書では主に「クラシック」「童謡・唱歌」の部分をこの方式にしています。ただし、本来はジャンル等によって書き方が決まるわけではなく、曲や楽譜を書く人の考えで決まるのでケースバイケースです。

曲のテンポをチェック！

♩ = 84

本書では、楽譜の冒頭に「♩＝84」などと表示しています。これは曲のテンポ（速さ）を表したもので、この場合は「1分間に♩を84回打つ速さで」という意味になります。どんな速さなのかは、メトロノームを使えば具体的に確認することができます。ただし、表示した速さは目安ですので、自分で弾きたい（または弾ける）速さで弾いてかまいません。

※音符や休符、拍については難しいと感じる方もいるかもしれません。はじめから完璧に理解できなくても大丈夫。音の長さなどは動画も参考になりますので、まずは弾いてみましょう。

4 楽譜の進み方

楽譜の同じ部分をくり返すときは、記号を使ってまとめて書かれることがあります。本書に登場する記号を紹介します。

リピート記号	‖: :‖ ではさまれた部分をくり返して演奏する。‖: がない場合は曲のはじめからくり返す。	進み方 A → B → C → D → C → D
1かっこ・2かっこ 1. 2.	‖: :‖ ではさまれた部分をくり返すが、1回目は 1. を、2回目は 2. を演奏する。	進み方 A → B → C → D → A → B → C → E
ダル・セーニョ D.S.	D.S.まで演奏したら、% (セーニョ)の記号まで戻ってくり返す。	進み方 A → B → C → D → E → B → C → F → G
ダ・カーポ D.C.	D.C.まで演奏したら初めに戻ってくり返す。	
コーダ	D.S.やD.C.でくり返したあと、to という記号から Coda にとぶ。あるいは、「Fine」と書かれたところまで演奏する。	進み方 A → B → C → D → E → F → G → A → B → C
フィーネ Fine		

5 音楽記号

「どのように弾いてほしいか」を表す記号をいくつか紹介します。さまざまなニュアンスがあることを知っておきましょう。

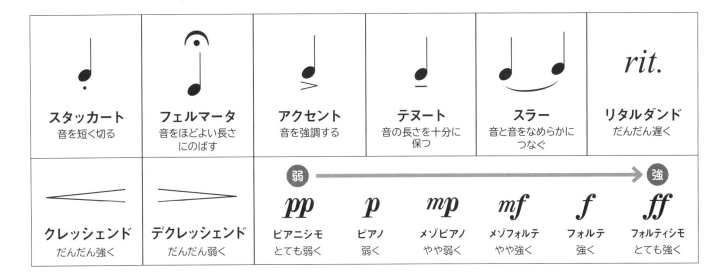

スタッカート 音を短く切る	フェルマータ 音をほどよい長さにのばす	アクセント 音を強調する	テヌート 音の長さを十分に保つ	スラー 音と音をなめらかにつなぐ	リタルダンド だんだん遅く
クレッシェンド だんだん強く	デクレッシェンド だんだん弱く	**pp** ピアニシモ とても弱く	**p** ピアノ 弱く　　**mp** メゾピアノ やや弱く	**mf** メゾフォルテ やや強く	**f** フォルテ 強く　　**ff** フォルティシモ とても強く

練習のポイント

練習を進める際に押さえておきたい事柄をまとめました。ぜひ意識してみてください。

① 座り方と手のフォーム

椅子に座るときは、ピアノと適度な距離（机に向かうより広め）をあけて浅く腰かけます。指先や腕をコントロールしやすくなります。手のフォームは丸みのある形が基本。ボールをつかむようなイメージです。

② まずは片手から、ゆっくり

まずは片手ずつ音を確認しましょう。ゆっくりでよいので、一定のテンポで弾くことを心がけます。慣れてきたら少しずつテンポを上げていきます。片手ずつよく練習したら、両手で合わせましょう。

③ 指かぶせと指くぐりをマスター

ピアノのテクニックのなかでも特に重要な、「指かぶせ」と「指くぐり」を理解しておきましょう。広い音域を弾きこなすために必須のテクニックです。

指かぶせ
1の指（親指）にほかの指をかぶせて弾く。

指くぐり
1の指（親指）をほかの指の下にくぐらせて弾く。

（空も飛べるはず➡p96）

④ 拍を意識する

テンポを安定させるためには、「拍」を感じながら弾くことが大切です。特に、タイが使われているリズムは拍があいまいになりやすいので、心の中でしっかりカウントしましょう。

（HANABI➡p108）

美しく弾くためのヒント

演奏とは、単に音を出すだけではなく、楽譜に書かれているいろいろな情報を感じて表現することが大事です。

まず、この本のようなアレンジ楽譜と言われるものには原曲があるので、それをよく聴いておきましょう。原曲のイメージがあると、どんなふうに演奏するか、試行錯誤しやすくなります。お手本動画もぜひ参考にしてみてください。

そして、この本では、強弱等の指示はあえて書いてありませんので、「ここで盛り上がりたい」「優しく奏でたい」など、感じるままに演奏してみましょう。

この本の楽譜は、お料理でいうと、基本レシピのようなもの。味つけは、お好みで調節して下さい。どんなふうに弾きたいか、7ページの音楽記号を使って、あるいはあなたの言葉で、楽譜に自由に書き込みをしていきましょう。

皆さんが、唯一無二のステキな演奏が出来ますように、と想いを込めてアレンジしました。楽しんでいただけますと幸いでございます。

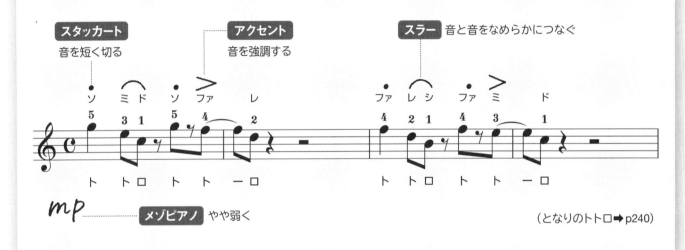

| **スタッカート** 音を短く切る | **アクセント** 音を強調する | **スラー** 音と音をなめらかにつなぐ |

(となりのトトロ➡p240)

mp ·········· **メゾピアノ** やや弱く

特典 ## YouTubeにてお手本動画公開中！

▶ **YouTube チャンネル**
はじめてでも最後まで弾ける
大人のピアノ名曲77

YouTube に、掲載曲の演奏動画をアップしました。左のQRコード、もしくはwebサイトのURLからご視聴ください。実際にどんな曲なのか、どのように弾いているのかを確かめることができます。

同じ楽譜でも、どう弾くのかによって仕上がりは随分変わってきます。まずは「こんなふうに弾きたい！」というイメージをふくらませてみてください。あとは練習あるのみ！　手や指の動かし方など、動画も参考にしてみてください。

https://www.seitosha.co.jp/kantan-piano2.html

※指番号は本書の楽譜と一部異なる場合があります。また、動画公開は予告なく終了する場合がございます。ご了承いただけますと幸いです。

1 愛燦燦
あい さん さん

作詞：小椋 佳　作曲：小椋 佳　歌手：美空ひばり

1949年にレコードデビューし、以後、昭和の代表歌手として長きにわたり活躍した美空ひばりの後期の代表曲の1つ。急がずゆったりと、音に言葉を当てはめるようにていねいに弾きましょう。

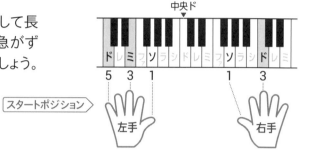

2 アイノカタチ

作詞：GReeeeN　作曲：GReeeeN　歌手：MISIA

2018年、MISIA のデビュー20周年となる年にリリースされた曲。
大好きな人へのまっすぐな気持ちを歌ったラブソングです。音を
なめらかにつなげて、しっとりと奏でましょう。

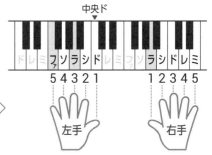

難易度 ★★★★☆

3 I LOVE YOU

作詞：尾崎 豊　作曲：尾崎 豊　歌手：尾崎 豊

1980年代に若者から絶大な人気を集めた尾崎豊のストレートなラブバラードです。リズムが細かく見えますが、ゆったりとした曲なので、焦らずていねいに弾きましょう。

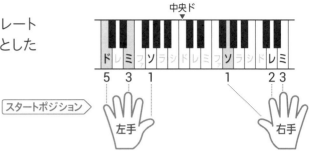

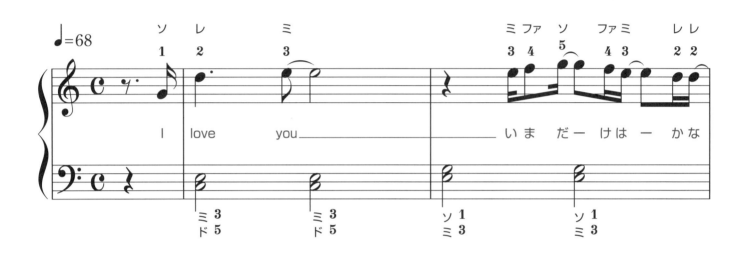

4 愛をこめて花束を

作詞：多保孝一、いしわたり淳治、越智志帆　作曲：多保孝一　歌手：Superfly

2008年にリリースされた、Superfly の代表曲の1つ。ウェディングソングとしても定番になりました。ハートフルな清々しい曲です。言葉を噛みしめるように、思いを込めて弾きましょう。

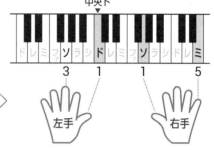

スタートポジション

ふたりでー　しゃし　んをとろうー
みあげるー　そら　のあおさを一

5 あの素晴しい愛をもう一度

難易度 ★★★★★

作詞：北山 修　作曲：加藤和彦　歌手：北山 修と加藤和彦

「ザ・フォーク・クルセダーズ」のメンバーだった北山修と加藤和彦が1971年にリリースした、フォークナンバー。学校の音楽の授業でも歌われるほどの国民的名曲となりました。

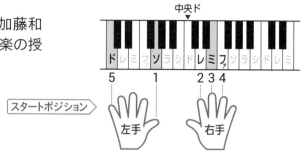

24

6 ▷ あの夏へ

作曲：久石 譲

2001年に公開されたスタジオジブリの映画『千と千尋の神隠し』の挿入曲。メロディに同じ音が続く形（例：ミミミ…）が多く出てきます。やさしくやわらかく弾きましょう。

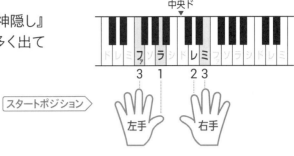

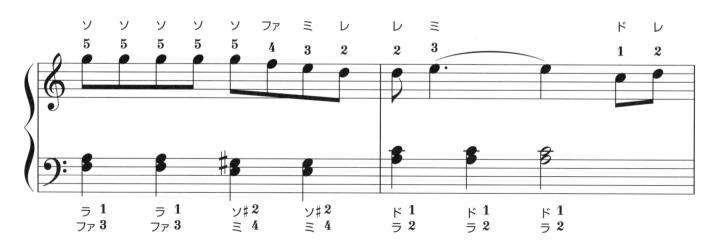

7 異邦人

作詞：久保田早紀　作曲：久保田早紀　歌手：久保田早紀

久保田早紀のデビュー曲。発売時には「シルクロードのテーマ」と
いうサブタイトルも付けられており、オリエンタルなムードのある
曲です。躍動感のある演奏を目指しましょう。

難易度 ★★★★☆

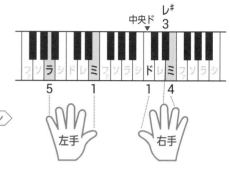

スタートポジション

（　）は難しい場合は
省略してもOK

♪ 異邦人

33

8 上を向いて歩こう

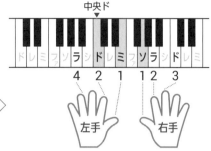

作詞：永 六輔　作曲：中村八大　歌手：坂本 九

1961年のリリース後、現在に至るまで多くのアーティストに歌い継がれてきた名曲です。海外でも「SUKIYAKI」のタイトルでヒットしました。テンポよく軽快な演奏を目指しましょう。

スタートポジション

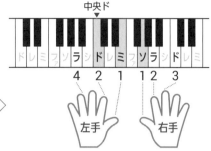

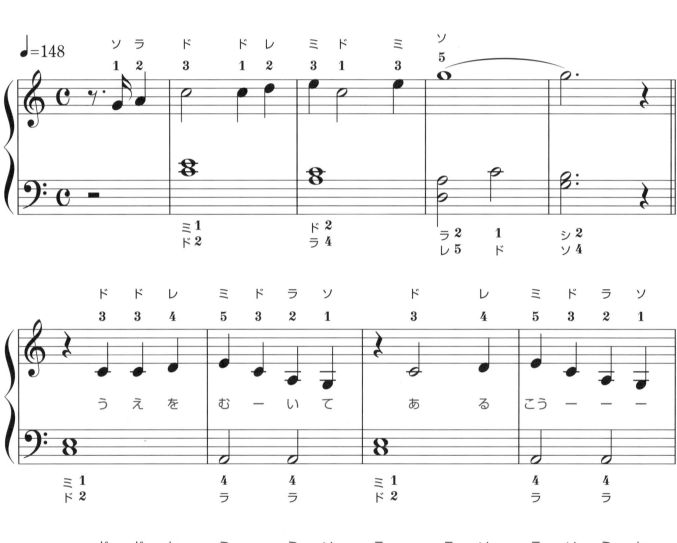

34

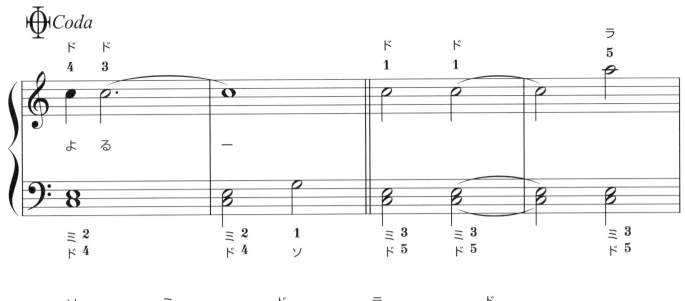

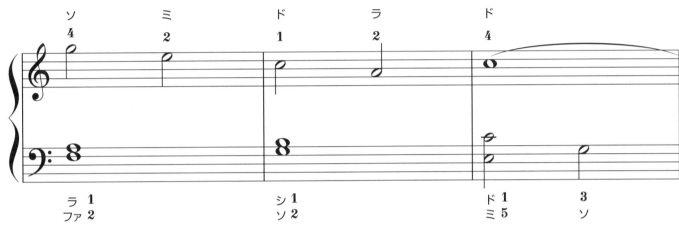

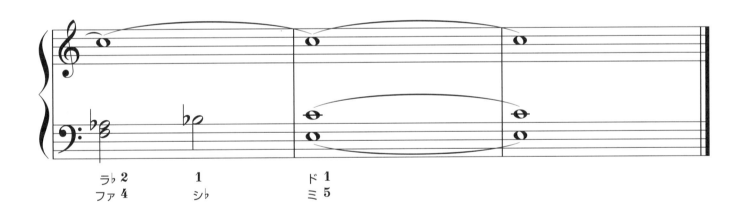

アドバイス advice

この曲らしい
軽快さを出すコツ

この曲は4分の4拍子ですが、全体的に「1、2」「3、4」という2つのかたまりで感じてみましょう。つまり、大きな2拍子と捉えるということです。そうすると、テンポよく弾くことができ、この曲らしい軽快さが出てきます。

4分の4拍子だが
2つのかたまりで感じる

① 2 ③ 4　① 2 ③ 4

9 エトピリカ

作曲：葉加瀬太郎

難易度 ★★★☆☆

バイオリニスト・葉加瀬太郎の代表曲。「エトピリカ」は海鳥の名前。海鳥が大空を目指すかのように、バイオリンのたおやかで伸びのある音色をイメージして、高らかに歌うように弾きましょう。

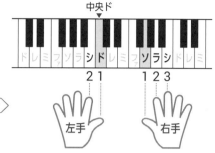

スタートポジション

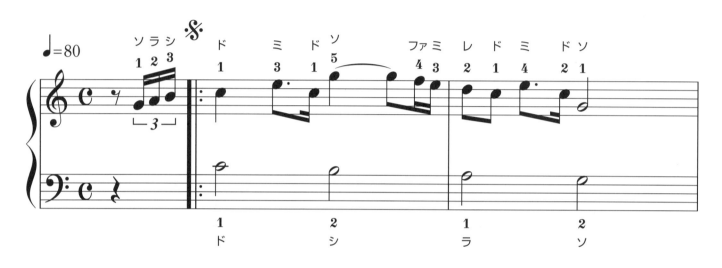

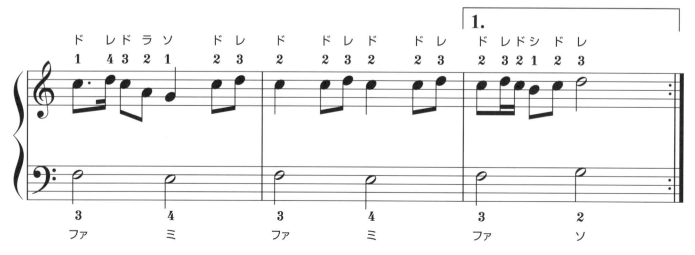

難易度 ★★★★★

10 Everything

作詞：MISIA　作曲：松本俊明　歌手：MISIA

2000年にリリースされた、MISIAの大ヒット曲。ドラマチックな王道バラードです。全体的に低い音が続くので、左手と右手の音のバランスに注意して、メロディが引き立つようにしましょう。

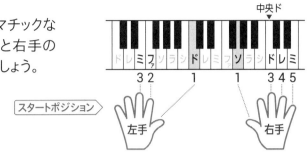

11 贈る言葉

作詞：武田鉄矢　作曲：千葉和臣　歌手：海援隊

979年にリリースされ、TVドラマ『3年B組金八先生』の主題
歌として大ヒットしました。自分のもとを去ってしまう恋人への想
いを歌った曲です。あたたかく見守る気持ちで弾きましょう。

難易度 ★★★☆☆

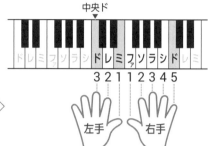

スタートポジション

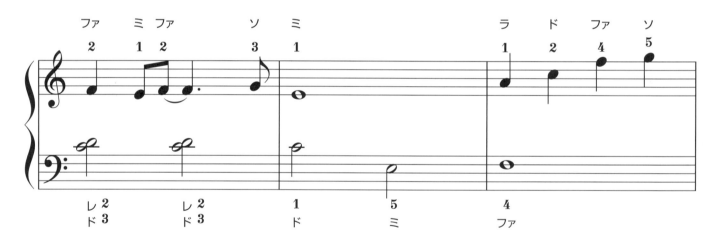

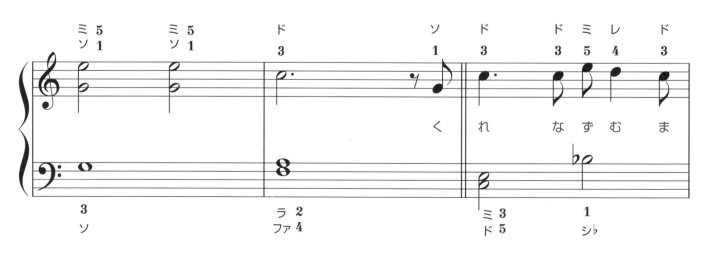

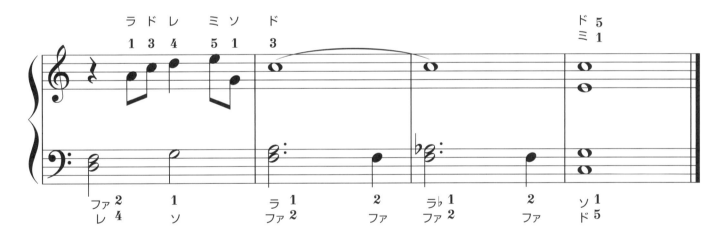

アドバイス advice
歌と同じように「ブレス」をする

鍵盤からやわらかく手を離す

く　れ　なずむ　まちの　一　ひ

楽譜の中にある休符を見つけてみましょう。この曲の場合、歌でいう「ブレス（息つぎ）」をするところに、休符があります。どこからどこまでをひと息で歌うか、そのまとまりを「フレーズ」といいますが、ピアノで弾くときも、このフレーズとブレスを感じていると美しくまとまります。

フレーズの切れ目では、鍵盤から手を離して、改めて次のメロディを弾き始めましょう。フレーズに合わせて手も呼吸するようなイメージで、歌うように弾けるといいですね。

12 想い出がいっぱい

作詞：阿木燿子　作曲：鈴木キサブロー　歌手：H2O

1983 年にリリースされ、TV アニメ『みゆき』のテーマソングとして大ヒットを記録。合唱や卒業式などでも定番曲となりました。初々しい青春時代のイメージで奏でたい曲です。

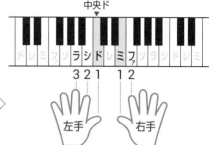

スタートポジション

13 喝采
かっさい

作詞：吉田旺　作曲：中村泰士　歌手：ちあきなおみ

1972年にリリースされた、ちあきなおみのレコード大賞受賞曲。
歌手を主人公としたドラマチックな歌です。フレーズの大きなまと
まりを感じながら、しっとりと歌い上げるように弾きましょう。

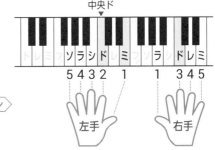

スタートポジション

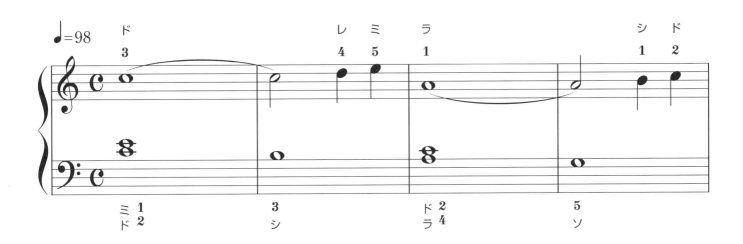

54

♪ 喝采

D.S.（ $\S$ に戻る）

アドバイス
advice

歌詞のイントネーションを参考にしてみよう

表情豊かに奏でるポイントは、音に微細な強弱をつけることです。見た目は同じ「音符」として記されていても、楽譜に書ききれない躍動があるものです。歌詞のイントネーションを音に変換するようなイメージで、弾いてみましょう。言葉と同

じように語尾をやわらかくする、つまりフレーズの最後の音をやさしく弾くこと。指をしっとりと動かして、フレーズがなめらかにつながるよう意識すること。そんな細かな心配りが、表情豊かな演奏へとつながっていきます。

14 奏（かなで）

作詞：大橋卓弥、常田真太郎　作曲：大橋卓弥、常田真太郎　歌手：スキマスイッチ

2004年にリリースされた、スキマスイッチの2枚目のシングル。
カラオケでも人気のバラードナンバーです。曲の山場を考え、静
かに始めて、後半に向けてじわじわと盛り上げていきましょう。

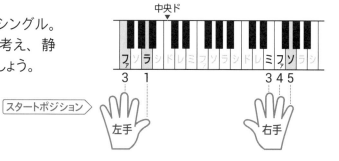

♪奏

57

15 かもめが翔んだ日

作詞：伊藤アキラ　作曲：渡辺真知子　歌手：渡辺真知子

1978年にリリースされた、渡辺真知子の2枚目のシングル。
港町に住む女性の失恋を描いた曲。哀愁たっぷりの内容ですが
アップテンポなので、リズムをはっきりと弾くのがポイントです。

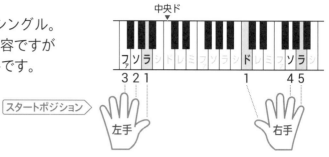

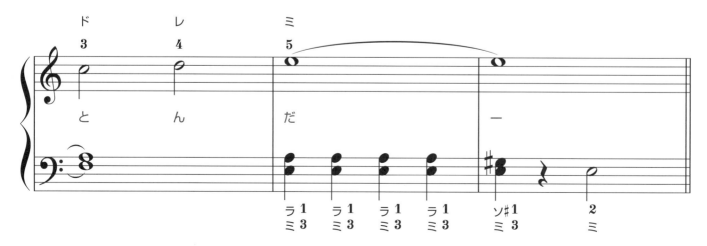

60

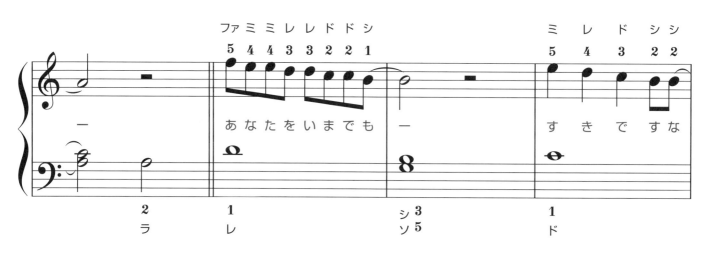

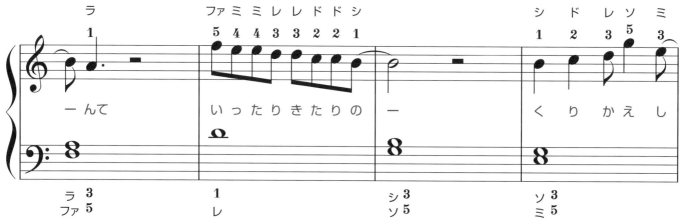

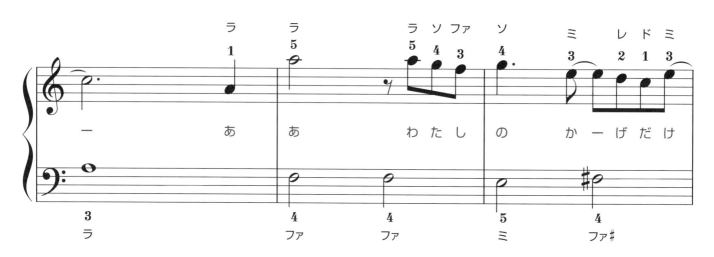

16 風のとおり道

作曲：久石 譲

1998年に公開された、スタジオジブリの映画『となりのトトロ』の挿入曲。幻想的・神秘的なムードのある曲です。ピアノの響きをよく聴きながら、音を重ねていきましょう。

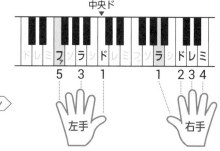

スタートポジション

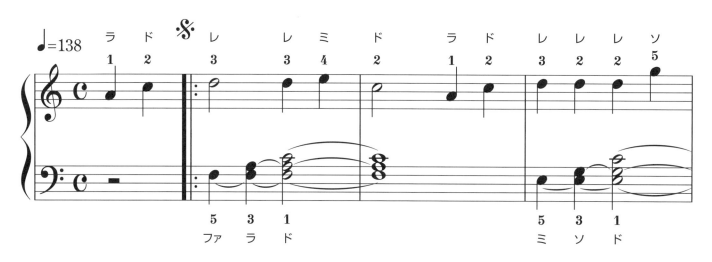

アドバイス
advice

左手は音を順に
重ねていく

左手のパターンはタイに注意。はじめに弾いた音を押さえたまま次の音を弾き、それらを押さえたまま次の音を弾きます。ペダルを踏んでいるかのように音が重なっていく、通称「指ペダル」といわれる奏法です。音を空間に重ねていくイメージで、響きをよく聴きながら弾きましょう。

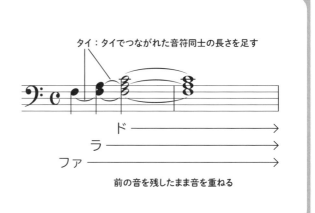

タイ：タイでつながれた音符同士の長さを足す

ド

ラ

ファ

前の音を残したまま音を重ねる

17 北の国から

作曲：さだまさし

TVドラマ『北の国から』シリーズの主題歌。歌詞はなく「アアア…」というスキャットでゆったりと聴かせる曲で、北海道の雄大な自然を感じさせるようです。シンプルな美しさを表現しましょう。

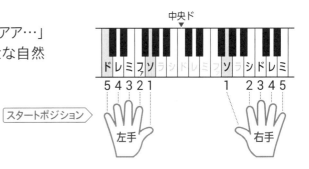

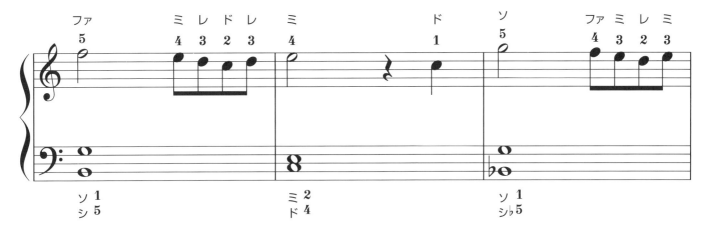

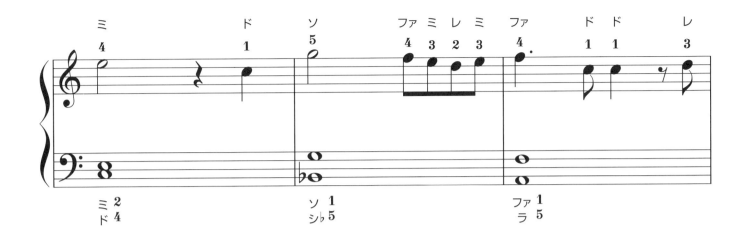

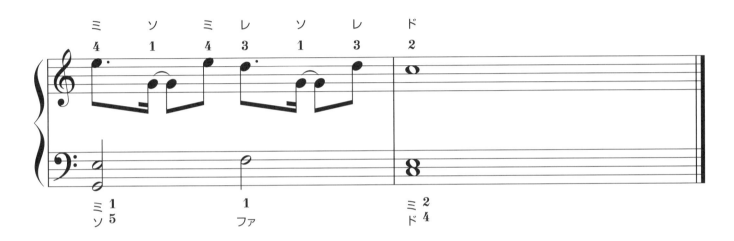

アドバイス advice 心の中でカウントしてから弾き始めよう

この曲は4拍子ですが、最初の小節は1拍しかありません。演奏するときは、「1、2、3、4」と拍をしっかりカウントし、4拍目でソの音をスタートさせましょう。そうすると、自然な音楽の流れをつくることができます。

また、拍の強弱を感じることも大切です。この曲は4拍子の曲です。4拍子には、「強・弱・中強・弱」という拍の強弱があります。この抑揚が音楽の大事な推進力となっています。ぜひ、拍子の強弱も意識して弾いてみましょう。

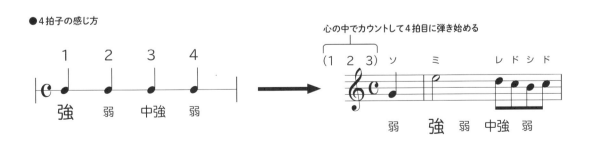

18 銀河鉄道999

作詞：奈良橋陽子、山川啓介　作曲：タケカワユキヒデ　歌手：ゴダイゴ

1979年にリリースされ、SFアニメ映画『銀河鉄道999』の主題歌として大ヒットしました。曲全体を通してメリハリを大事にして、パンチの効いた演奏を目指しましょう。

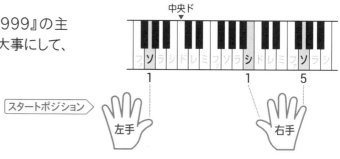

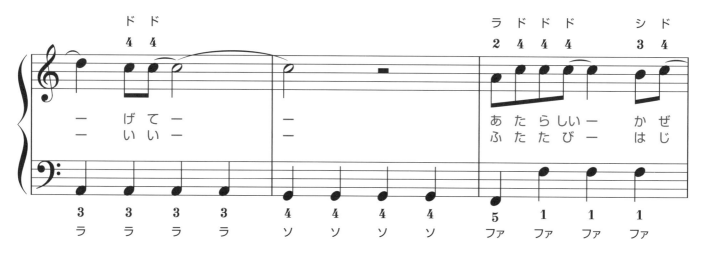

♪ 銀河鉄道999

19 さとうきび畑

作詞：寺島尚彦　作曲：寺島尚彦　歌手：森山良子

1964年に作られた曲で、森山良子が歌うバージョンが有名です。
歌詞は実際は11番まであり、調べて読んでおくと、情景が浮か
び曲のイメージが広がります。1音ずつ大切に弾きましょう。

難易度 ★★☆☆☆

中央ド

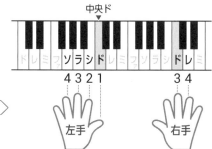

スタートポジション

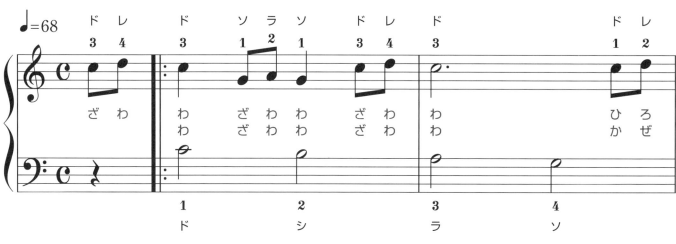

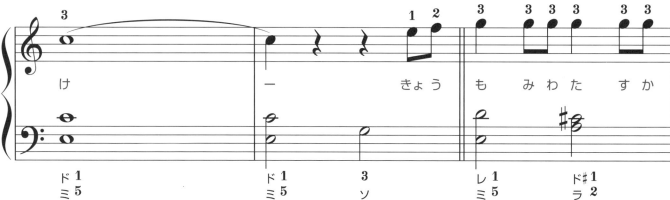

74

20 サボテンの花

作詞：財津和夫　作曲：財津和夫　歌手：チューリップ

1975年にリリースされた、チューリップの代表曲の1つ。のち
に財津和夫のソロバージョンもリバイバルヒットしました。失恋ソン
グですが、さわやかにテンポよく弾きましょう。

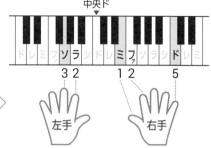

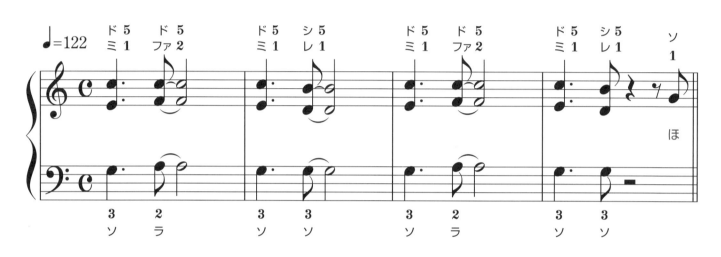

77

21 白い恋人達

作詞：桑田佳祐　作曲：桑田佳祐　歌手：桑田佳祐

桑田佳祐のソロ名義の大ヒット曲。過ぎ去った恋に思いを馳せる、冬のラブバラードです。音数が多いですが、歌詞を歌いながら弾くとゆったりと弾くことができます。

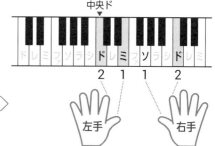

スタートポジション

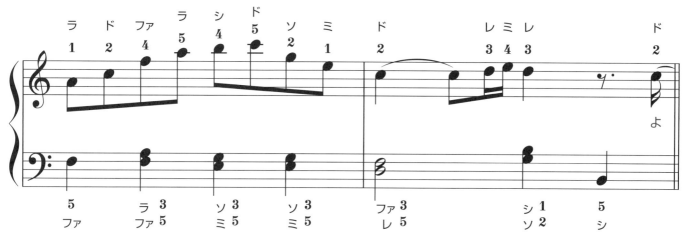

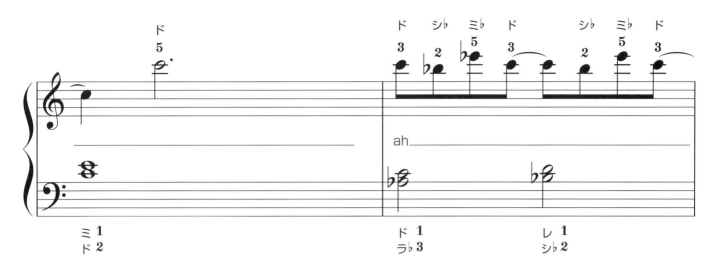

細かいメロディを上手に弾くコツ

この曲には、16分音符を使ったフレーズがたくさん出てきます。こうした細かいリズムは、軽やかに弾くことを目指しましょう。そのためには、なるべく指をバタバタさせず、指先をまとめるような意識をもつこと。小筆の穂先のようなイメージで弾きます。同じ音の連続（同音連打）も、鍵盤に指をのせておいて、小さな動きで軽く打鍵することがポイントです。

そして、1音ずつ一生懸命弾くというより、1拍ずつひとまとめにする感覚で弾きましょう。リズムにまとまりをもたせる（フレーズを感じる）ことが大切です。

指がもつれてしまう場合の対処法は、ズバリ「超ゆっくりさらう」です。ゆっくりと、指の入れ替えをていねいに行って慣らしていくことで、指と脳をつなぐ回路ができてきます。

1拍ずつひとまとめにする感覚で弾く

22 人生のメリーゴーランド

作曲：久石 譲

2004年公開のスタジオジブリの映画『ハウルの動く城』のテーマ曲。はじめはゆったりと、途中から軽快なテンポになります。テンポによって異なる味わいを大切にして、弾き分けましょう。

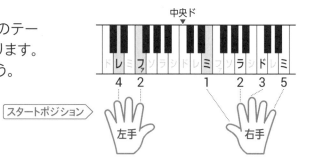

スタートポジション

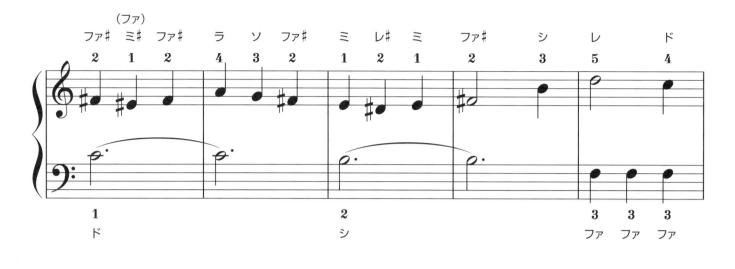

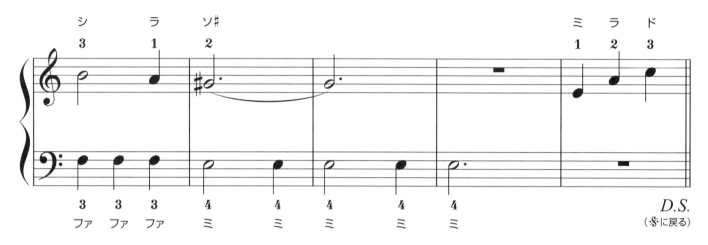

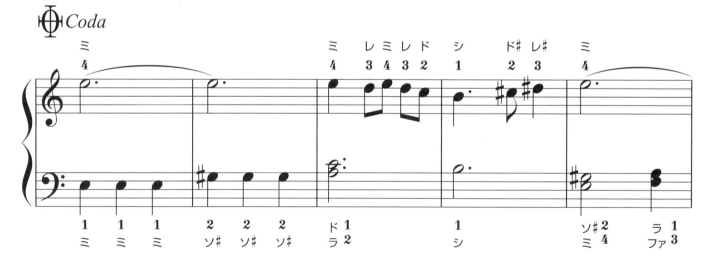

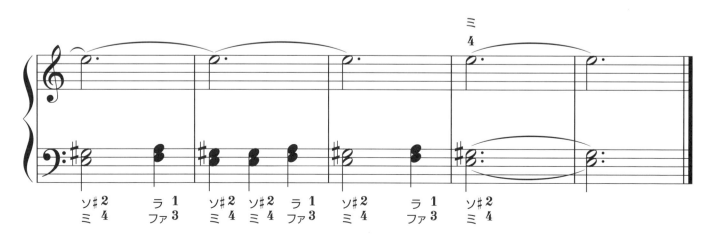

23 SWEET MEMORIES

作詞：松本 隆　作曲：大村雅朗　歌手：松田聖子

難易度 ★★★☆☆

1983年にリリースされた、松田聖子の代表曲の1つ。しっとり
としたジャジーなバラードで、失った恋の思い出を懐かしむ様子
が描かれています。揺らぐようなリズムを感じて弾きましょう。

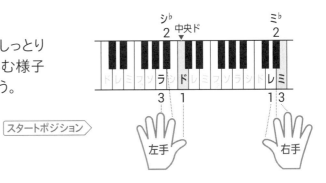

スタートポジション

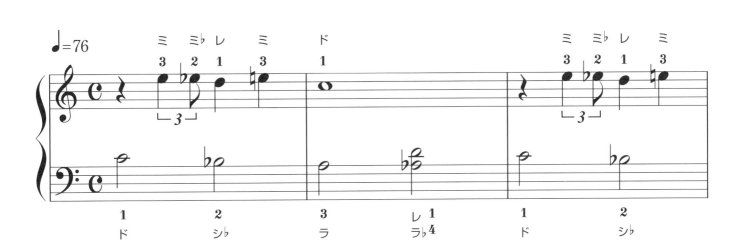

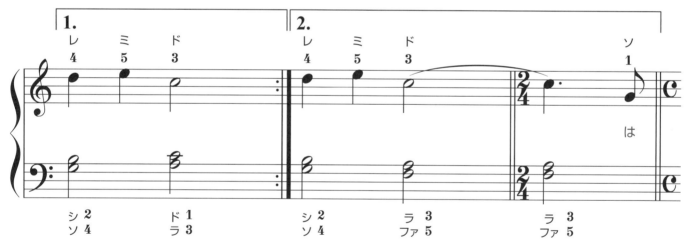

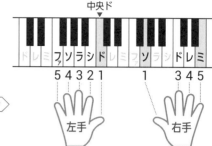

世界に一つだけの花

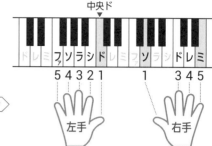

難易度 ★★★★★

作詞：槇原敬之　作曲：槇原敬之　歌手：SMAP

2002年にリリースされた、SMAPの大ヒット曲。希望にあふれた歌詞の内容を感じながら、幸せな気持ちで弾きましょう。笑顔で弾いてみると、自然と音が明るくなるでしょう。

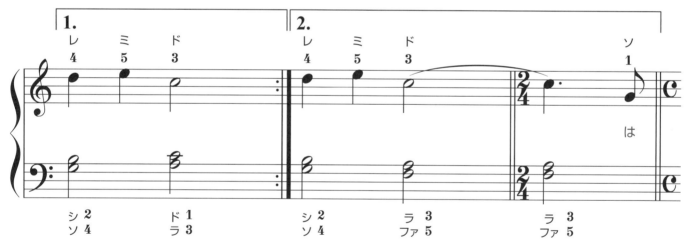

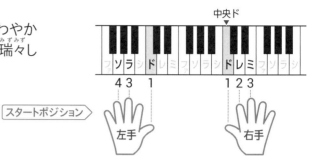

25 空も飛べるはず

作詞：草野正宗　作曲：草野正宗　歌手：スピッツ

1994年にリリースされた、スピッツの代表曲の1つ。さわやか
な青春ソングで、合唱曲や卒業式の定番曲となりました。瑞々し
く勢いのある演奏を目指しましょう。

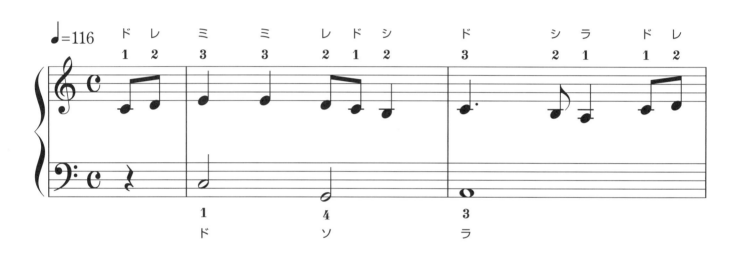

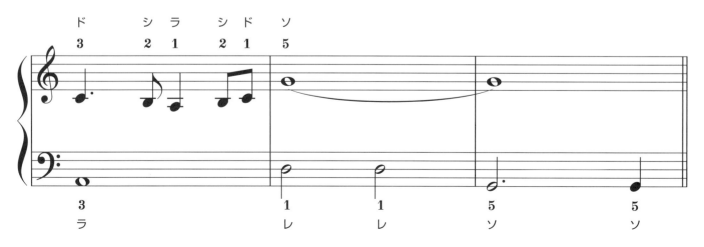

タイでつながれたリズムは要注意

タイでつながれた2つ目の音は、打鍵せずにそのまま伸ばします。このとき、拍をしっかりとカウントすることが大切です。タイが出てくると、テンポが速く（あるいは遅く）なったり、リズムがズレたり乱れたりしやすいためです。

練習では、どこが1拍目、2拍目なのかを把握して、心の中で拍を数えながら弾きましょう。リズムがわかりづらいときは、タイを外して弾いてみるとわかりやすくなります。メトロノームに合わせてみるのも、よい練習方法です。お手本動画も参考にしてみましょう。

26 TSUNAMI

作詞：桑田佳祐　作曲：桑田佳祐　歌手：サザンオールスターズ

2000年にリリースされた、サザンオールスターズの大ヒット曲。
純情な男性を主人公に、失恋による切ない心情を描いたバラー
ドです。ときめきを感じながら弾きましょう。

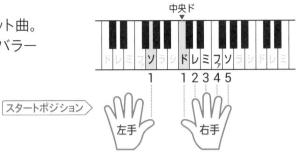

アドバイス advice ➤ # リピート記号にあわてないために

この曲では、1. ┌──┐ 2. ┌──┐ が2カ所出てきます。くり返すときにどこに戻るのか、楽譜の進み方をしっかり把握しておかないと、演奏が迷子になってしまうので注意しましょう。対策としては、弾く前に楽譜の進み方を確認して

おき、‖: :‖ や 1. ┌──┐ 2. ┌──┐ に赤ペンで印をつけて目立たせておくのがおすすめです。特に、ポピュラーやジャズ系の楽譜は、進行が複雑な曲が多いので、プロも現場でよく行っています。

27 裸の心

作詞：あいみょん　作曲：あいみょん　歌手：あいみょん

2016年にメジャーデビューした人気シンガーソングライター・あいみょんの楽曲。恋をする女性のまっすぐな気持ちを歌っています。16分音符は重くならないように弾きましょう。

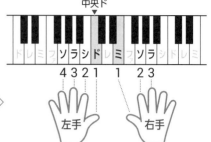

スタートポジション

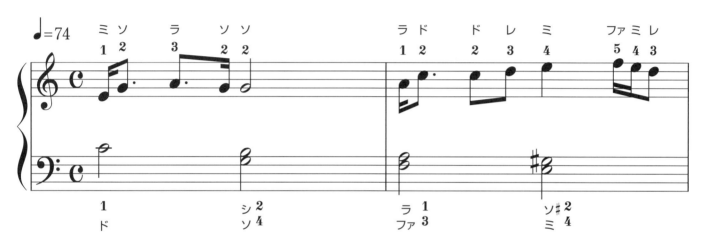

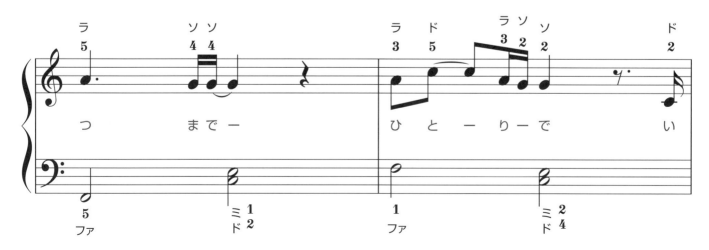

28 HANABI

作詞：桜井和寿　作曲：桜井和寿　歌手：Mr.Children

TVドラマ『コードブルー ～ドクターヘリ緊急救命～』シリーズの主題歌。日々の儚さや美しさを描いた曲だといわれています。テンポをキープして弾けると曲全体が引き締まります。

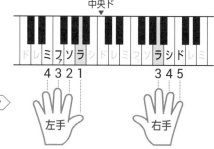

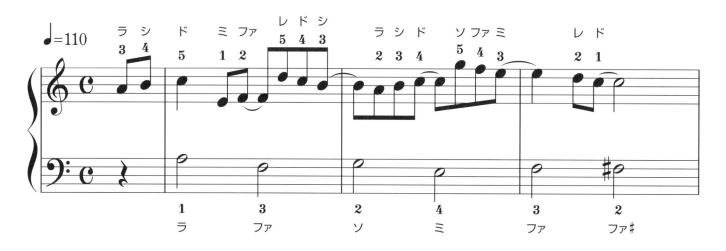

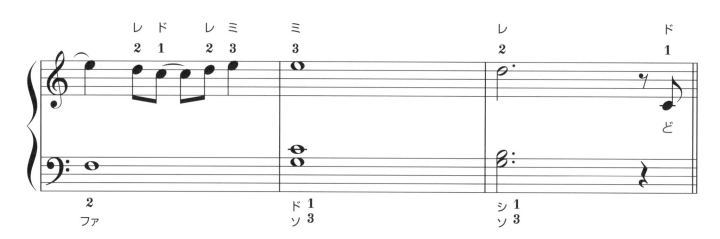

29 ファイナルファンタジー（オープニング・テーマ）

作曲：植松伸夫

人気ゲーム『FINAL FANTASY』シリーズの象徴ともいえる曲。2021年東京五輪の開会式では選手入場曲として使用され、話題に。オーケストラの豊かで堂々としたサウンドをイメージしましょう。

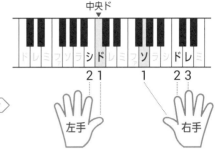

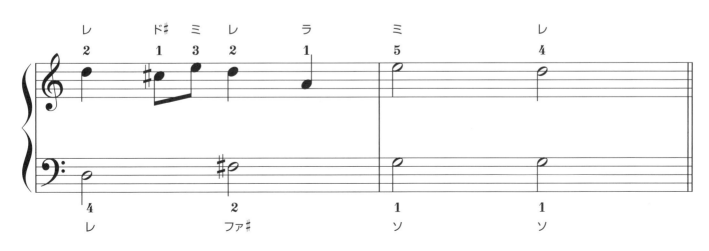

30 ひこうき雲

作詞：荒井由実　作曲：荒井由実　歌手：荒井由実

若かりしユーミンが、友人の死をきっかけに作った曲。2013年
に公開された、スタジオジブリの映画『風立ちぬ』の主題歌にも
なりました。1拍ずつ確実に歩むように、弾いていきましょう。

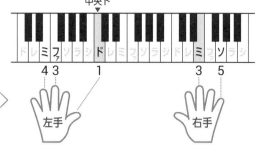

116

119

31 Baby, God Bless You

作曲：清塚信也

TVドラマ『コウノドリ』のメインテーマ。赤ちゃんの誕生を祝福するイメージを曲にしたといわれています。一定のテンポを保つのではなく、少し自由に揺らして弾いてもよいでしょう。

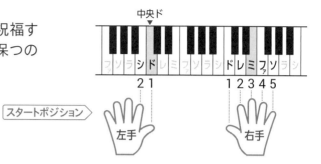

122

♪ Baby, God Bless You

アドバイス
advice ➤ # きれいな音を出すために

ピアノを弾くときは、「脱力」することが大事です。打鍵して音を発音させたら、すぐに脱力することを心がけてみましょう。指は鍵盤にそのまま軽くのせておくだけ。指や手首、腕などに余計な力がかかっていない状態が理想です。

力んでしまうと、音がかたくなり、響きも損なわれます。逆に、脱力して弾けると、きれいな音、よく響く音になります。

123

32 炎
（ほむら）

歌詞：梶浦由記、LiSA　作曲：梶浦由記　歌手：LiSA

2020年に公開された、映画『劇場版「鬼滅の刃」無限列車編』
の主題歌。映画とともにこの曲も大ヒットしました。芯のある音で
静かに弾き始め、じわじわと熱く盛り上げていきましょう。

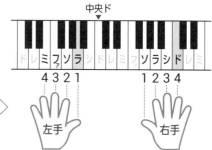

スタートポジション

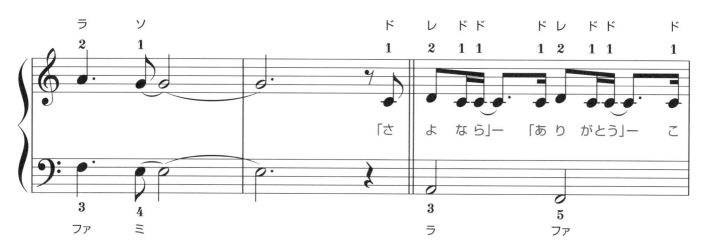

♪炎

125

♪ 炎

127

33 雪の華

作詞：SATOMI　作曲：松本良喜　歌手：中島美嘉

2003年にリリースされた、中島美嘉の代表曲の1つ。好きな
人と過ごす喜びや一途な思いを表現した歌ですが、どこか儚さも
感じさせるラブソングです。しっとりと語りかけるように弾きましょう。

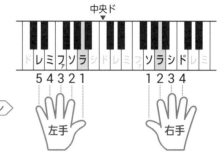

34 夢の中へ

作詞：井上陽水　作曲：井上陽水　歌手：井上陽水

1973年にリリースされ、井上陽水の初のヒット曲となりました。
以後、CMなどでも何度も使用されました。ポップで軽快な曲です。
メロディに出てくる同じ音の連打は、軽く弾きましょう。

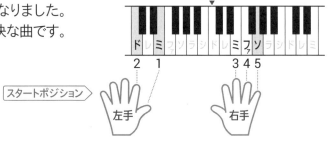

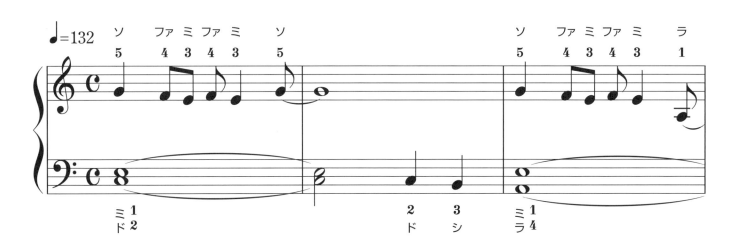

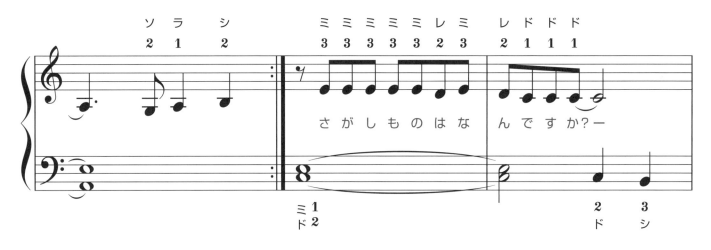

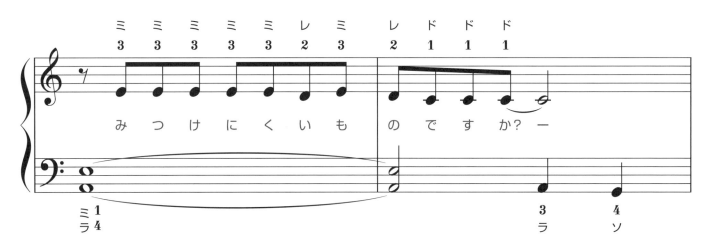

35 アイ・ガット・リズム

作曲：ジョージ・ガーシュウィン

1930年にミュージカルの挿入歌として発表された楽曲。以降、ジャズのスタンダードナンバーとして多くのミュージシャンに演奏されてきました。軽快な演奏を目指しましょう。

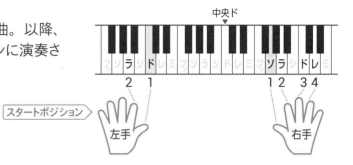

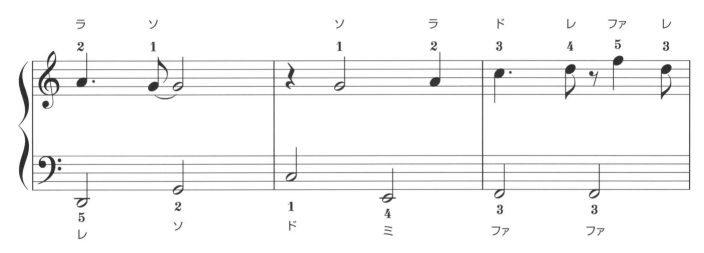

36 愛の讃歌

作曲：マルグリット・モノー　歌手：エディット・ピアフ

フランスのシャンソン歌手、エディット・ピアフの歌。日本では越路吹雪のカバーバージョンが有名です。心を解放するかのように、感情を込めて弾きましょう。

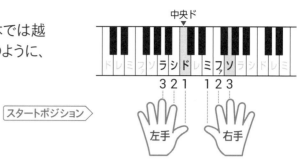

138

D.S.
(%に戻る)

アドバイス advice シャンソンらしく語るように弾く

この曲はシャンソンの名曲です。日本ではフランスの歌（ポピュラーソング）を「シャンソン」というジャンルで呼んでいます（シャンソンはフランス語で「歌」の意味）。シャンソンは、かなり自由なテンポ感で語るように歌われます。フランス語の抑揚とリズムがそのままメロディに生きて

います。
この曲も、一定のテンポをキープすることにこだわらず、自由にテンポを揺らしながら弾くことができると、豊かで素敵な演奏になるでしょう。特に、中間部（p.139の2小節目～p.140の5小節目）は、そのような弾き方がおすすめです。

37 アラウンド・ザ・ワールド（80日間世界一周）

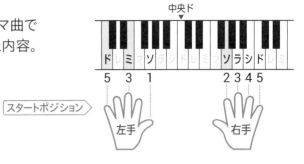

作曲：ビクター・ヤング

1956年公開のアメリカ映画『八十日間世界一周』のテーマ曲です。映画は、気球に乗って世界を回るというロマンに満ちた内容。落ち着いてゆったりと、優雅に弾きましょう。

スタートポジション　左手　右手

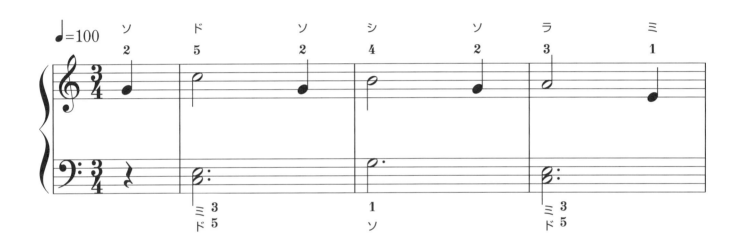

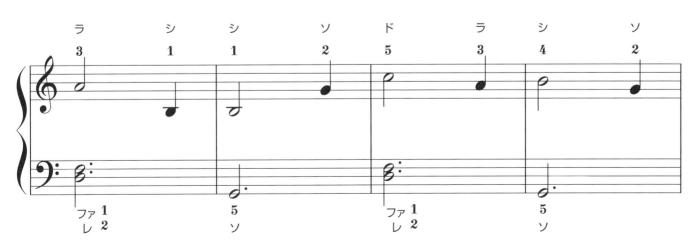

♪ アラウンド・ザ・ワールド

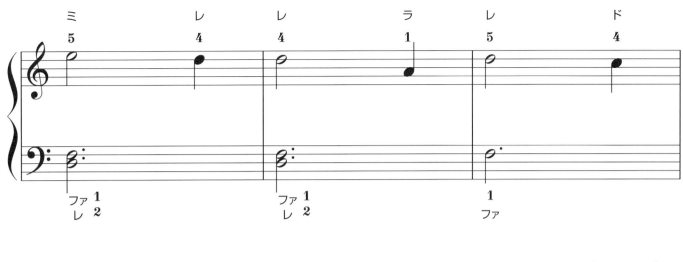

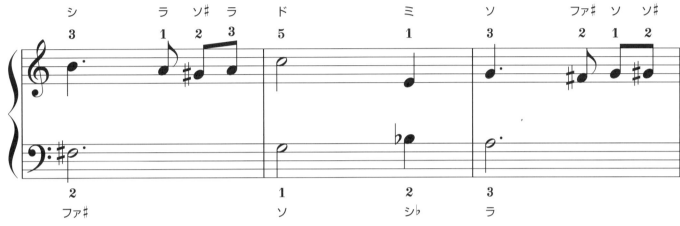

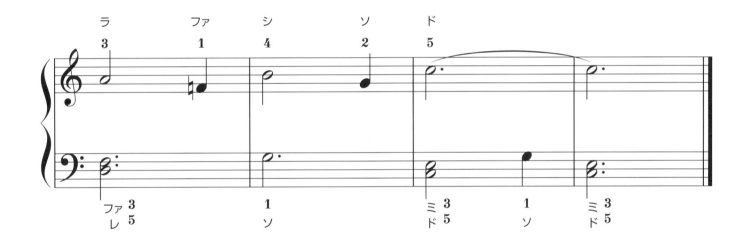

> **アドバイス**
> advice

どこからどこまでを
ひと息で歌う?

どこからどこまでをひと息で歌いたいか（フレーズと捉えるか）を考え、その切れ目に「ブレス（息つぎ）」を表す記号（∨）を書き込んでみましょう。答えは一つではありません。「その人がどのように歌いたいか」によるからです。ご自分の歌心を発見し、演奏に活かしてみましょう。

たとえばこんな感じ。あるいはもっと大きなフレーズと捉えて、最後の1カ所だけブレス記号を入れるのもOK。

38 イマジン

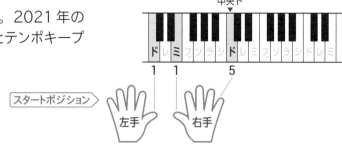

作曲：ジョン・レノン　歌手：ジョン・レノン

ジョン・レノンが平和への想いを淡々と歌った名曲。2021年の東京五輪では開会式に使用されました。しっかりとテンポキープすることが、カッコよく仕上げるコツです。

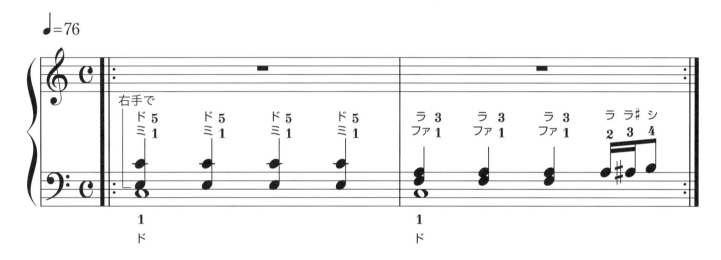

144

♪ イマジン

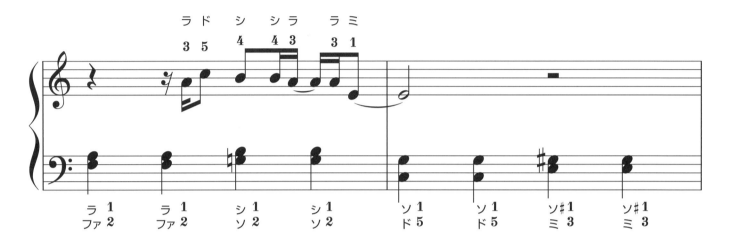

39 オネスティ

作曲：ビリー・ジョエル　歌手：ビリー・ジョエル

ビリー・ジョエルの代表曲の１つ。不誠実な世の中を憂いながら、
それでも誠実さを求めていこうという歌。メロディの細かなリズムは、
歌っているようなニュアンスと捉えましょう。

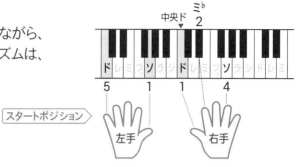

147

HONESTY
Words & Music by BILLY JOEL
© IMPULSIVE MUSIC
All Rights Reserved.
Print rights for Japan administered by Yamaha Music Entertainment Holdings, Inc.

40 茶色の小瓶 原題：Little Brown Jug

作曲：ジョセフ・ウィナー

元々はアメリカ民謡ですが、グレン・ミラー楽団というジャズバンドの演奏で有名になりました。少し弾んで弾くと雰囲気が出ます。左手はジャズのベーシストをイメージしてみましょう。

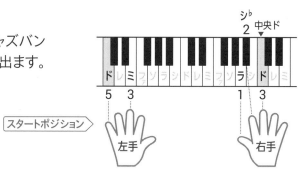

41 最初から今まで（『冬のソナタ』主題歌）

作曲：ユ・ヘジュン、オ・ソクジュン　歌手：Ryu

難易度 ★★★★★

日本では2003年から放送された韓流ドラマ『冬のソナタ』の主題歌。何度も出てくる「ソ♯」の音をていねいに感じて弾くと、もの悲しく哀愁を帯びた雰囲気が表現されます。

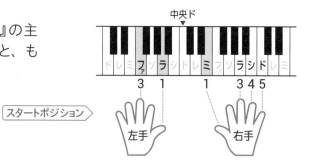

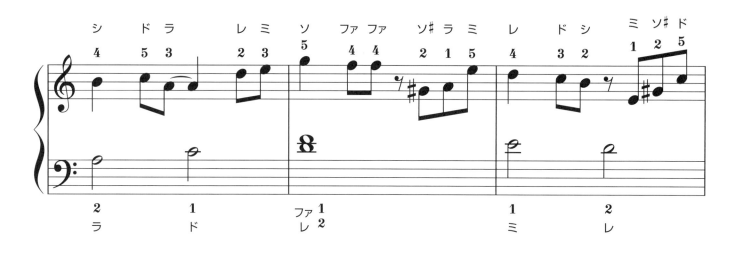

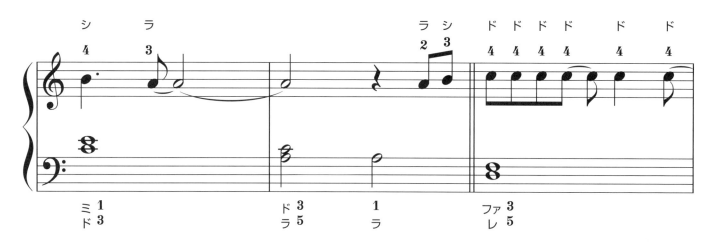

152

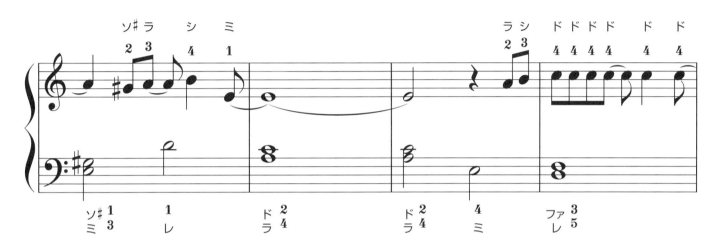

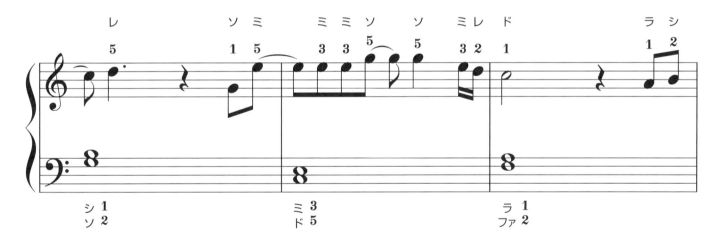

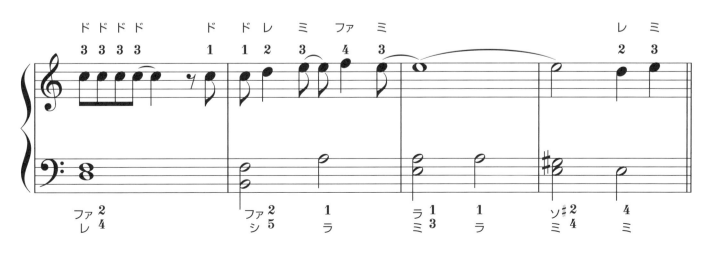

42 渚のアデリーヌ

作曲：ポール・ドゥ・センヌヴィル

1976 年にリリースされた、フランスのピアニスト、リチャード・クレイダーマンのデビュー曲。日本をはじめ、世界的な人気を誇りました。エレガントな演奏を目指しましょう。

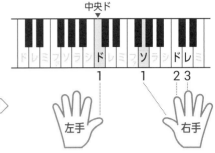

スタートポジション

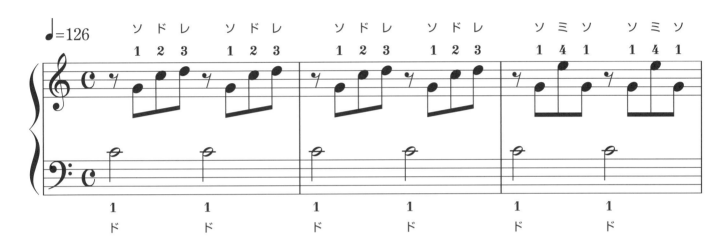

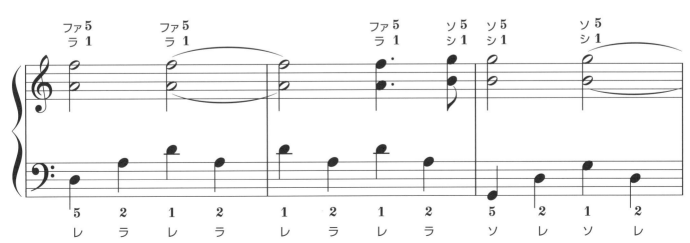

♪ 渚のアデリーヌ

難易度 ★★★☆☆

ニュー・シネマ・パラダイス メドレー

作曲：エンニオ・モリコーネ、アンドレア・モリコーネ

1988年公開のイタリア映画『ニュー・シネマ・パラダイス』より、
2曲（メインテーマ、愛のテーマ）をメドレーにしました。パステル
カラーのような色合いをイメージしながら音を出してみましょう。

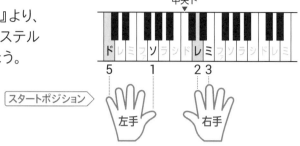

[メインテーマ]

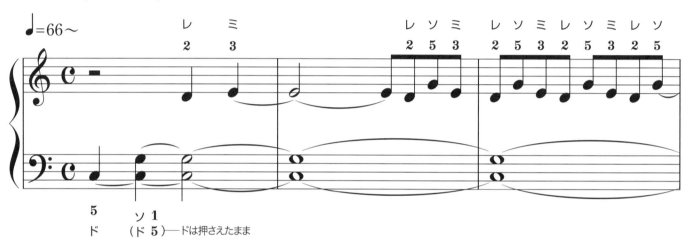

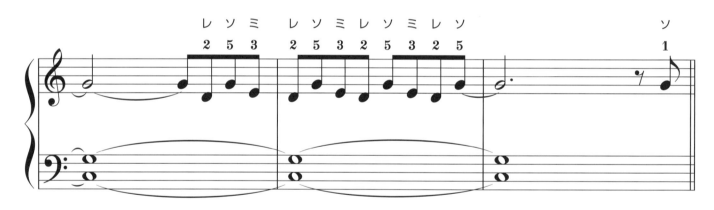

（ ）は難しい場合は省略してもOK

［愛のテーマ］

45 遙かなる影 原題:Close To You

作曲：バート・バカラック　歌手：カーペンターズ

1970年にリリースされた、カーペンターズのバージョンでよく知られている曲です。全体的に軽やかさのある曲なので、角のたたない、弾力のある音色をイメージして弾いてみましょう。

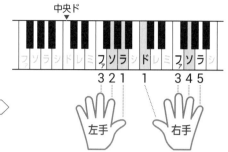

スタートポジション

♪ 遙かなる影

（　）は難しい場合は
省略してもOK

ピアノ・マン

作曲：ビリー・ジョエル　歌手：ビリー・ジョエル

ビリー・ジョエルがバーで弾き語りの仕事をしていた頃の経験を
もとに作った曲。落ち着かせるところ、盛り上げるところなど、全
体の構成を考えて弾くと曲が引き締まります。

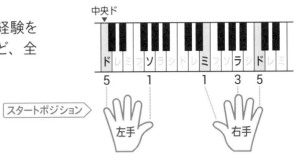

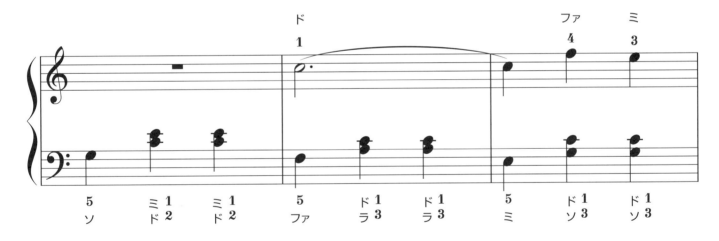

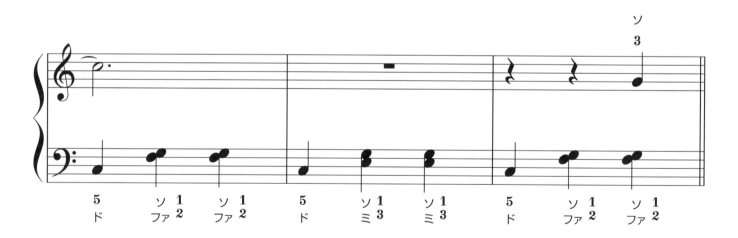

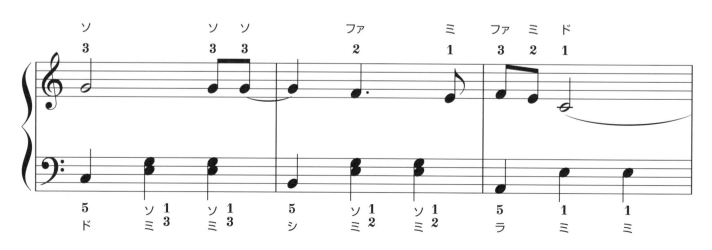

難易度 ★★★★☆

ムーンライト・セレナーデ

作曲：グレン・ミラー

1939年に作曲され、グレン・ミラー楽団というジャズバンドで
演奏された人気曲。ジャズのスタンダードナンバーとなりました。
角のない、丸みのある音のイメージで弾きましょう。

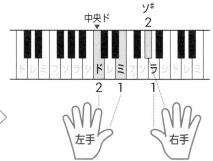

スタートポジション

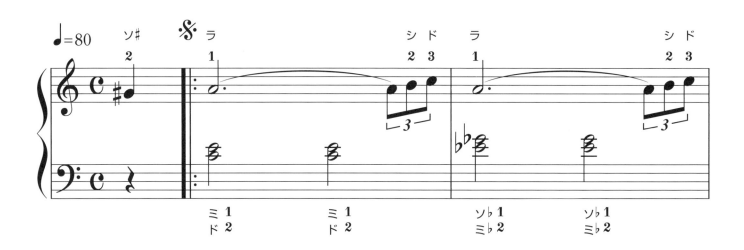

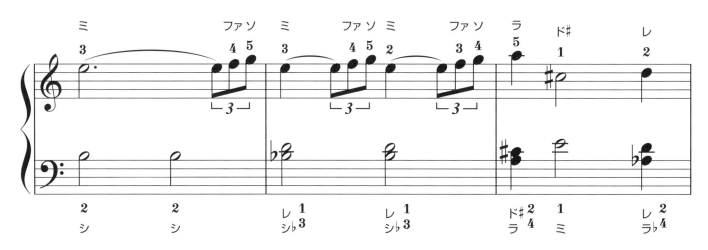

170

48 レット・イット・ビー

難易度 ★★★★★

作曲：ジョン・レノン、ポール・マッカートニー　歌手：ビートルズ

1970年にリリースされた、ビートルズの代表曲の1つ。タイトルのLet it beは、「あるがままに」などと訳されます。静かな心で、祈るような気持ちで奏でましょう。

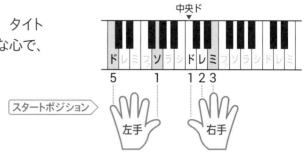

♪ レット・イット・ビー

49 朝（組曲『ペールギュント』より）

作曲：E. グリーグ

ノルウェーの劇作家、イプセンの戯曲『ペールギュント』のために
作曲されました。清々しい朝をイメージさせる作品です。リズムが
偏らないように注意し、ゆとりのある演奏を目指しましょう。

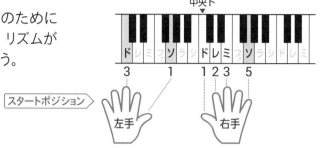

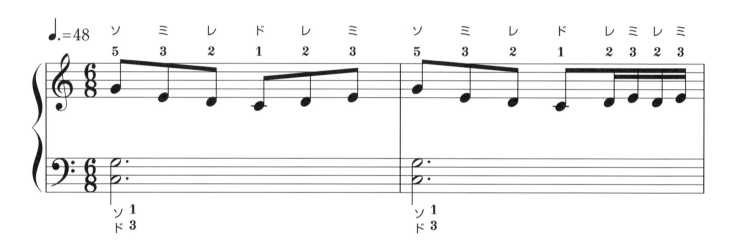

50 愛の夢

作曲：F. リスト

「ピアノの魔術師」とも呼ばれるリストの作品。もとは歌曲として作曲されましたが、のちにピアノ曲に編曲されたものがポピュラーになりました。たおやかに、音をよく響かせて弾きましょう。

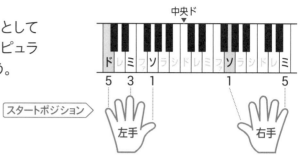

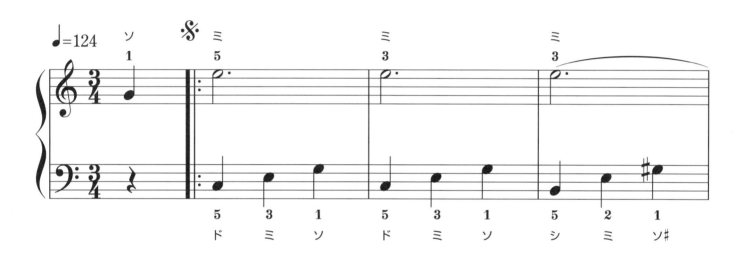

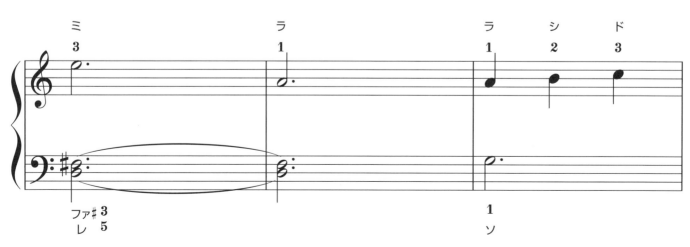

51 美しく青きドナウ

作曲：ヨハン・シュトラウス2世

多数のワルツを作曲し、「ワルツ王」の異名をもつヨハン・シュトラウス2世の作品。長く伸ばす音はしっかり響かせて、合いの手になる高い音は軽やかに弾きましょう。

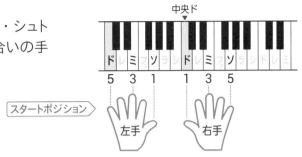

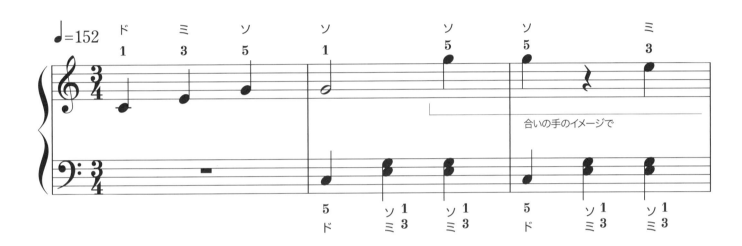

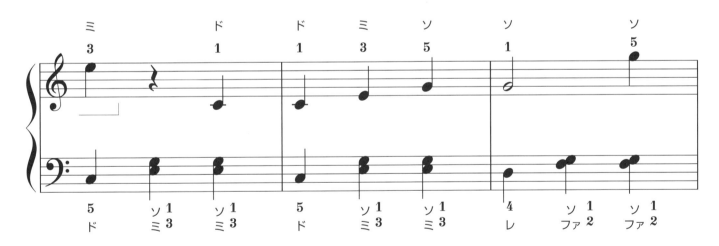

183

52 乙女の祈り

作曲：T. バダジェフスカ

1851年の作品。当時は上流階級の若い女性のあいだでピアノを嗜むことが流行し、この曲は人気曲の1つでした。左手は慣れるまでよく練習し、右手メロディはのびのびと歌わせましょう。

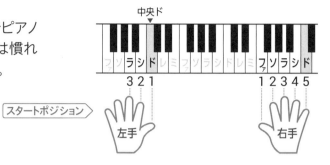

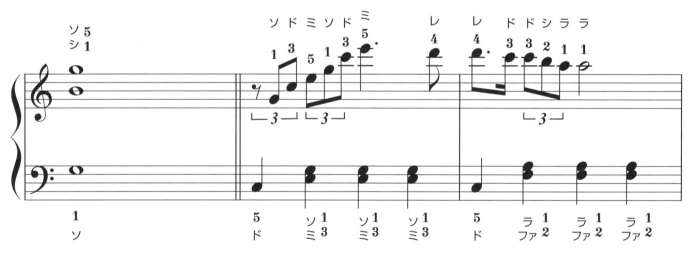

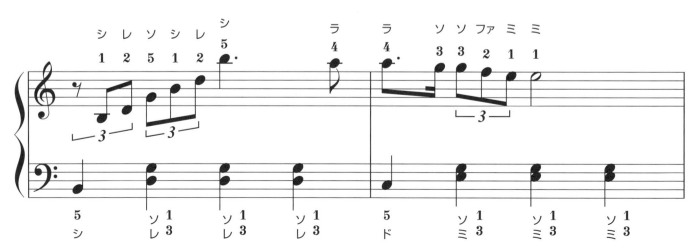

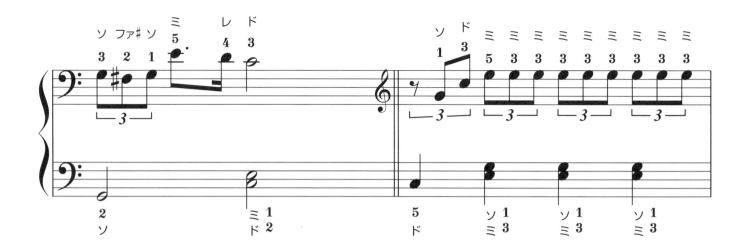

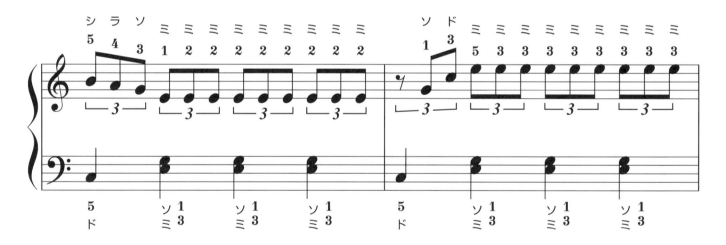

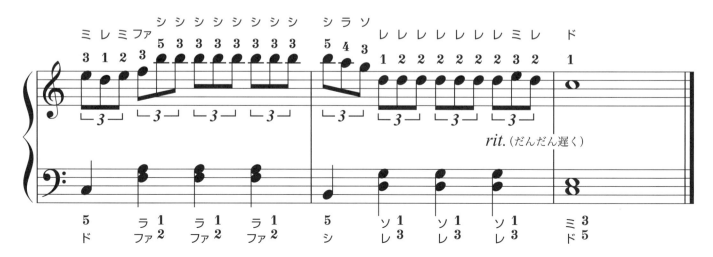

シチリアーナ

作曲：G. フォーレ

もとはチェロとピアノで演奏される曲でしたが、フルートなどでもよく演奏されています。情緒豊かなメロディが印象的な、優雅な曲です。流れにのるように、なめらかに弾いていきましょう。

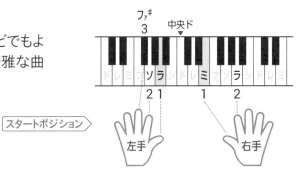

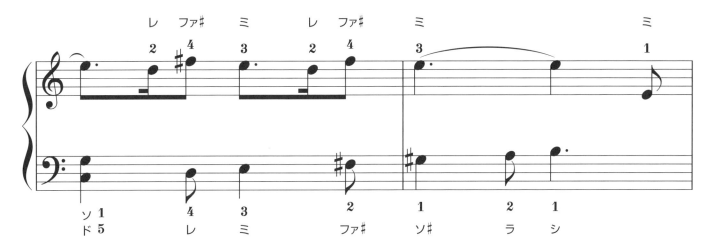

アドバイス advice

なぜ手を丸くするのか?

ピアノを弾くときの手の形は、ボールをつかむときのような「丸みのある形」が基本です。それぞれ長さの違う5本の指でまっすぐ横に並ぶ鍵盤を弾いていくには、指の位置を揃える、手の高さを揃える必要があるからです。

丸すぎてもNG、伸びすぎてもアウト。その人にちょうどよい形を見つけることが、練習の第一歩です。そして、弾くときは指先だけで弾くのではなく、手の自然な丸みを保ち、手のひら全体を使うようなイメージをもつとよいでしょう。

難易度 ★☆☆☆

54 シューベルトの子守唄

作曲：F. シューベルト

「歌曲の王」とも呼ばれるほど、多くの歌曲を書いたシューベルト
の作品。日本では「ねむれねむれ……」の歌詞でよく歌われてい
ます。やわらかいタッチで、やさしく弾きたい曲です。

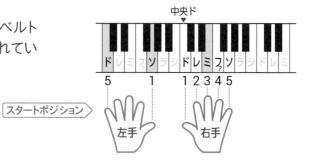

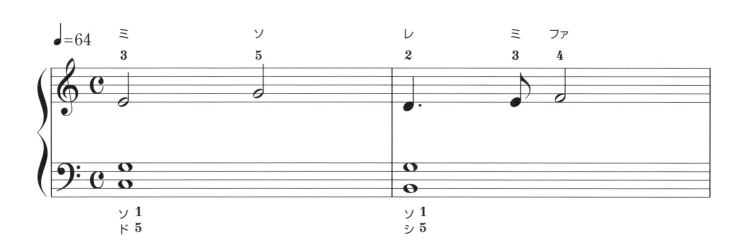

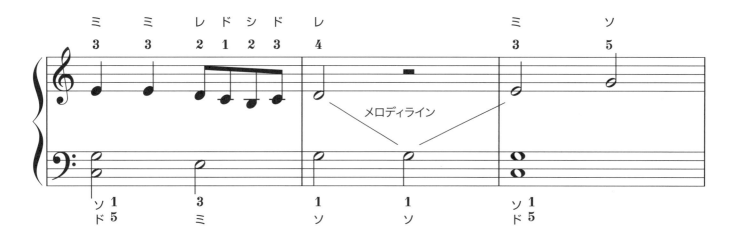

♪ シューベルトの子守唄

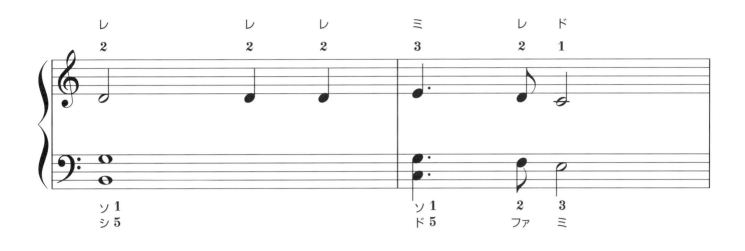

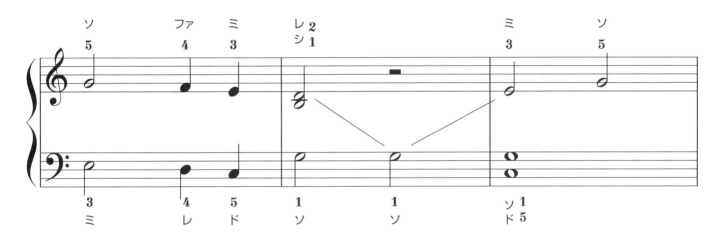

アドバイス advice

右手から左手へ メロディをつなぐ

この曲には、右手から左手（あるいはその逆）へ とメロディがまたがる部分があります。右手から 左手へ、なめらかに受け渡してフレーズをつなぎ ましょう。右手と左手で分けて弾いていることが わからないくらいになると、いいですね。

55 ジュ・トゥ・ヴ

作曲：E. サティ

フランスの作曲家、エリック・サティの作品。「あなたが欲しい」などの邦題もつけられています。弾き始めは、左手・右手ともにヘ音記号の低い音から始まるので、注意しましょう。

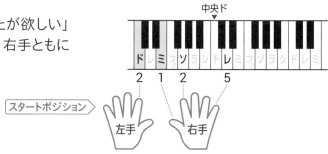

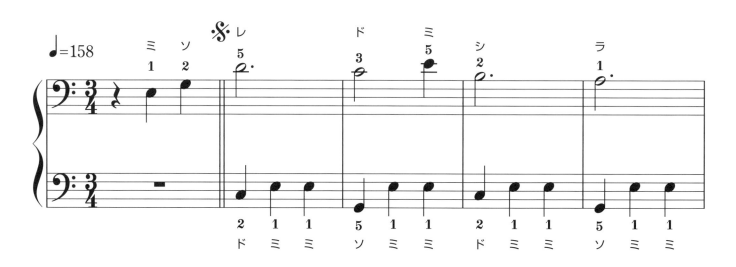

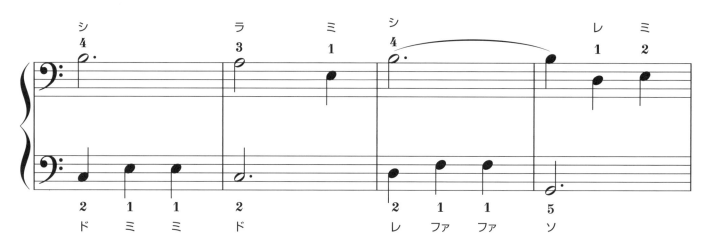

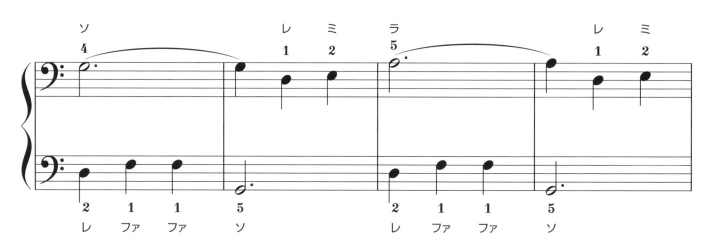

♪ ジュ・トゥ・ヴ

195

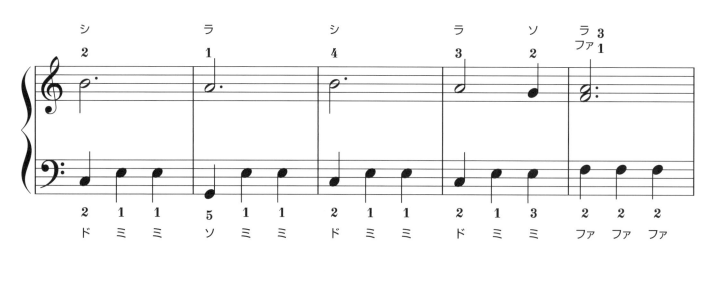

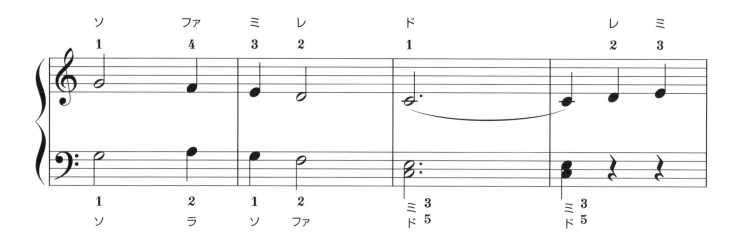

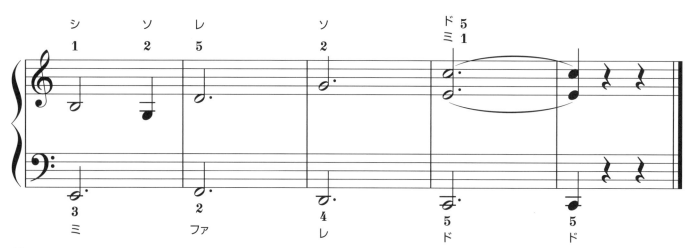

56 主よ、人の望みの喜びよ

作曲：J.S. バッハ

もとは教会の礼拝で歌われる声楽曲として作曲されました。8分音符3つのまとまりを感じながら、なめらかに弾きましょう。指番号を守ることも、弾きやすさのポイントとなります。

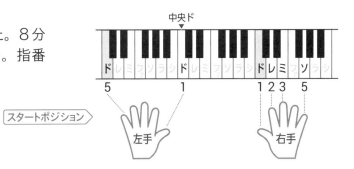

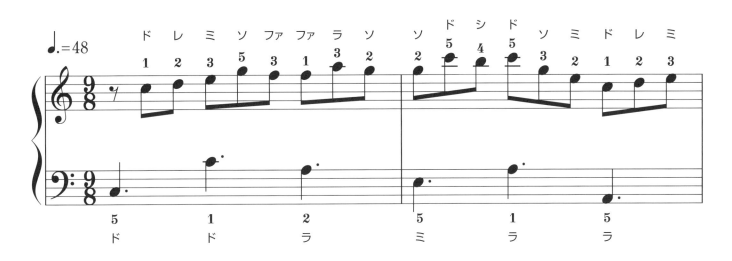

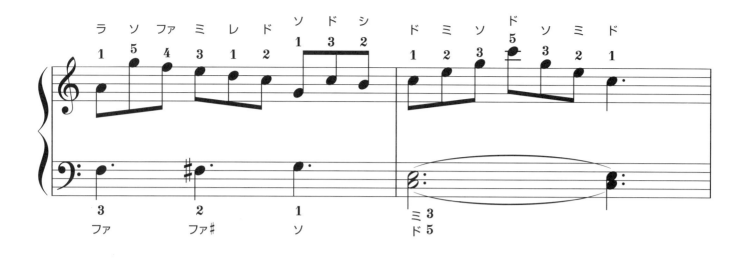

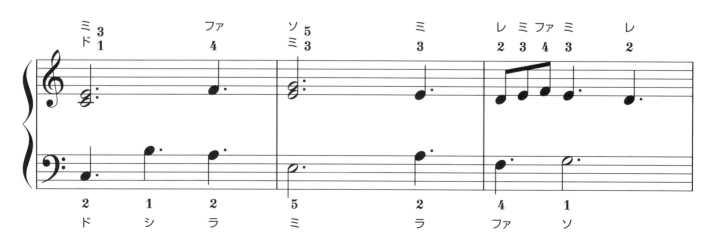

57 ダッタン人の踊り

作曲：A. ボロディン

オペラ『イーゴリ公』の中の1曲。『ポロヴェツ人の踊り』とも呼ば
れています。どこかエキゾチックな香りのする曲です。安らぐよう
におだやかに、ゆったりと奏でましょう。

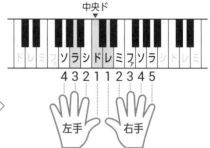

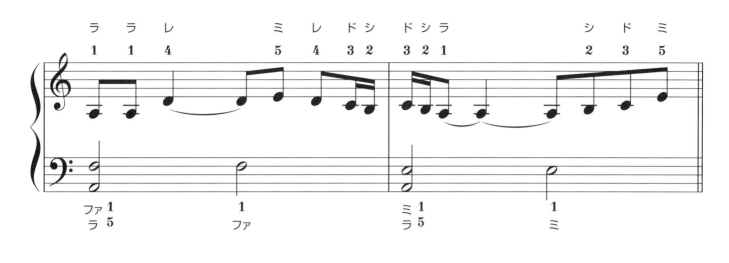

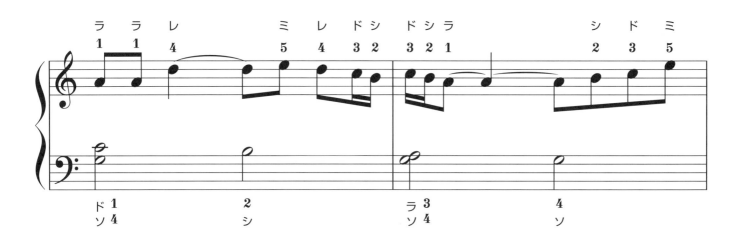

58 春（ヴァイオリン協奏曲集『四季』より）

作曲：A. ヴィヴァルディ

小鳥がさえずり、小川がやさしく流れ出る……そんな春の到来を
表現した曲で、バイオリン、ビオラ、チェンバロで演奏されます。
軽快に、春の情景をイメージして弾いてみましょう。

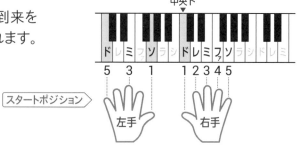

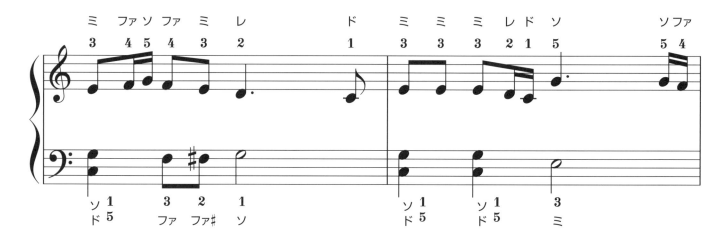

59 ピアノソナタ第8番『悲愴』第2楽章

作曲：L.v. ベートーヴェン

ベートーヴェンのピアノソナタの中でも特に人気が高い一節です。
1つひとつの音の響きを味わいながら、おだやかに奏でましょう。
左手に出てくる4分音符は、長さをしっかり保ちましょう。

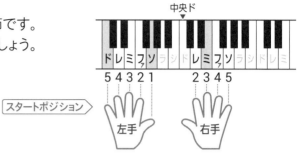

60 プレリュード 作品28-7

作曲：F. ショパン

プレリュードは、日本語では「前奏曲」といいます。語源のラテン語では「前に演奏する」の意味。大きい楽曲の前に演奏する曲を指します。まったりと、響きとたわむれるように弾きましょう。

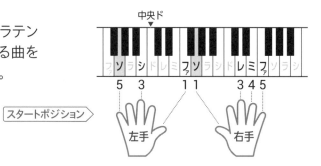

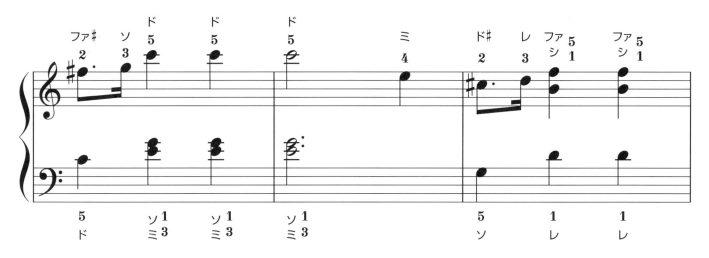

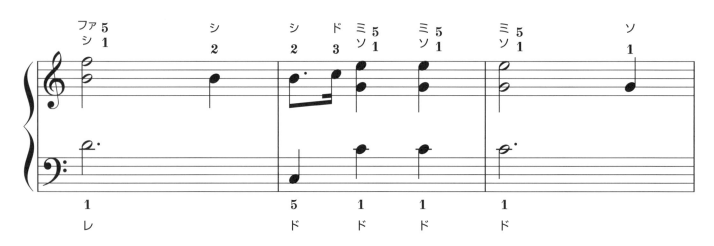

右手と左手の バランスに注意しよう

右手のメロディが引き立つように、左手は右手よりも音量を抑えるようにしましょう。耳でしっかりメロディを聴きながら弾くことが大切です。左手の伴奏パターーンは、1拍目の低音にやや重心を置き、ほかを軽めに弾くとよいでしょう。

61 亡き王女のためのパヴァーヌ

難易度 ★★★☆☆

作曲：M. ラヴェル

タイトルにある「パヴァーヌ」とは、16世紀頃にヨーロッパの宮廷
で流行っていた踊りのこと。鍵盤を1つひとつ静かに沈めるような
気持ちで音を出してみましょう。

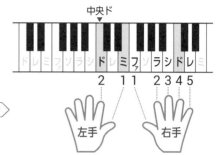

スタートポジション

rit.（だんだん遅く）

62 鱒

作曲：F. シューベルト

ドイツの詩人・シューバルトの詩をもとにした歌曲。鱒が川を泳
いでいたら、釣り人が現れ、あえなく鱒を釣り上げてしまう……
という情景を描いた作品です。活き活きとテンポよく弾きましょう。

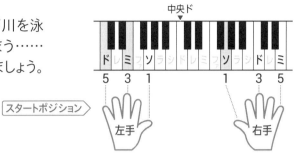

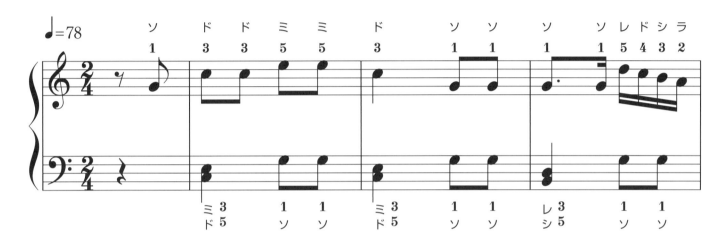

63 ユーモレスク

作曲：A. ドヴォルザーク

チェコの作曲家・ドヴォルザークが、音楽院の院長として２年間
アメリカに滞在中、故郷に一時帰国したときに作った曲。軽やか
に弾くような演奏を目指しましょう。

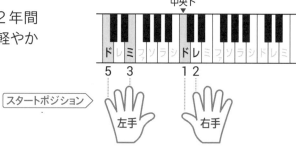

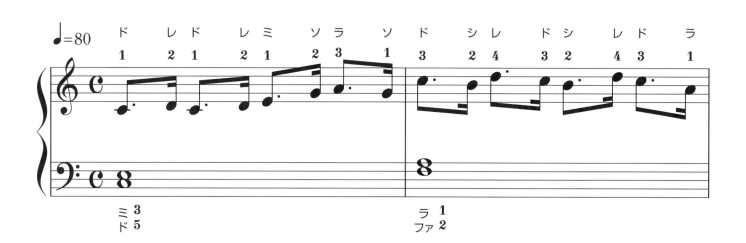

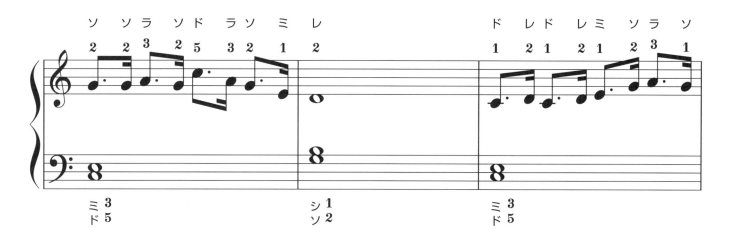

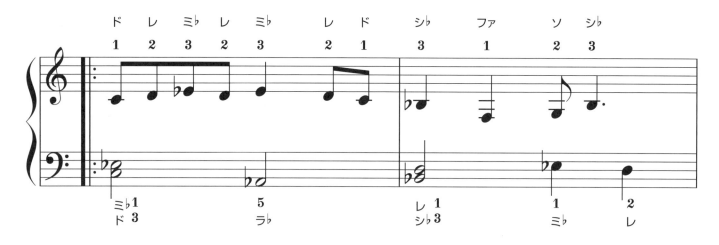

64 ラデツキー行進曲

作曲：ヨハン・シュトラウス1世

ウィーン革命で活躍したヨーゼフ・ラデツキーを讃えて作られた曲です。全体的に4分音符を短く切って弾くと、原曲の雰囲気が出ます。オーケストラでの演奏もぜひ聴いてみましょう。

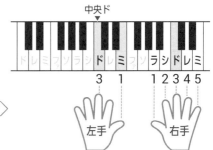

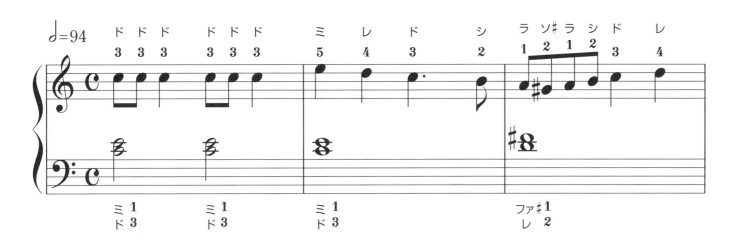

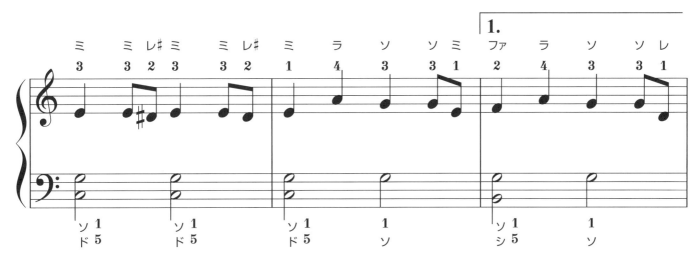

65 ラ・カンパネラ

作曲：F. リスト

原曲は非常に難しい曲として知られていますが、今回はとても簡単にしています。カンパネラとは、イタリア語で「鐘」という意味。高音は、音の輪郭を意識してくっきりと弾くことを目指しましょう。

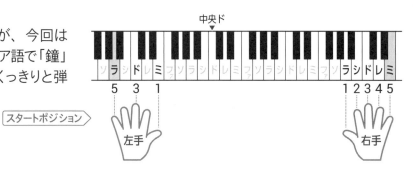

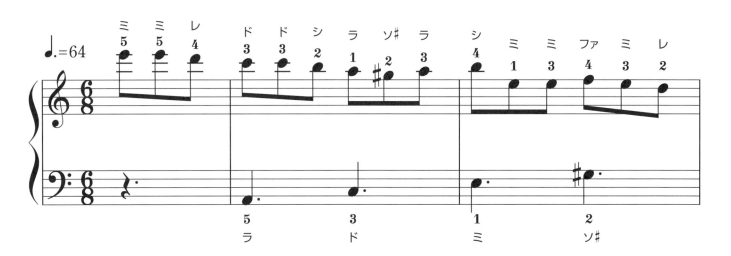

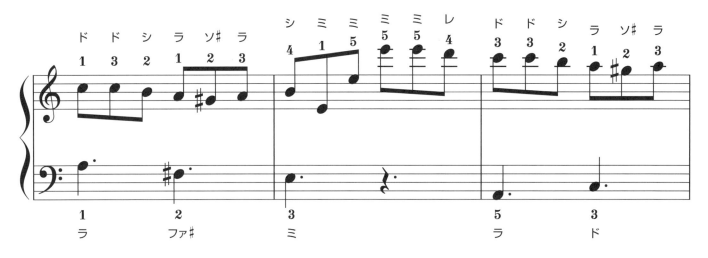

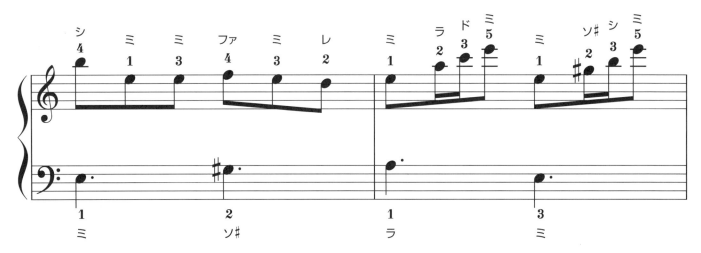

66 赤とんぼ

作詞：三木露風　作曲：山田耕筰

両親の離婚により祖父の家で育てられた三木露風が、子どもの
頃を回想して書いた詞に、山田耕筰が曲をつけました。遠い昔
を懐かしむような気持ちで弾きましょう。

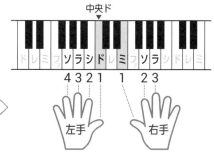

スタートポジション

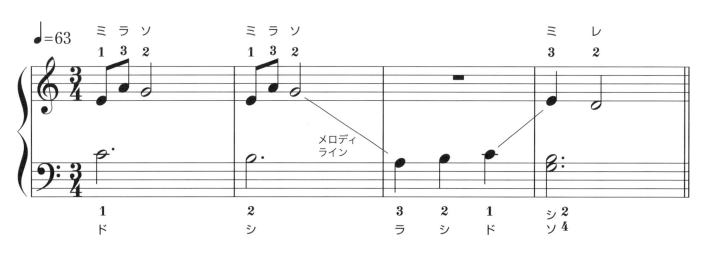

67 仰げば尊し

作詞：不詳　作曲：不詳

明治時代に学校教育用の唱歌集に収載されて以降、卒業式で
歌われる歌として、長きにわたり親しまれてきた曲です。心の中
でゆったりと歌いながら、素朴に、素直に奏でてみましょう。

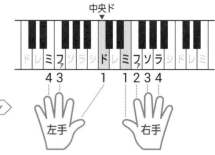

68 荒城の月

作詞：土井晩翠　作曲：瀧 廉太郎

1901年に作られた唱歌。のちに山田耕筰が編曲し、ピアノ伴
奏をつけました。厳かで、重厚な雰囲気のある曲です。1音ず
つしっかりと音の長さを保って弾きましょう。

難易度 ★★★★★

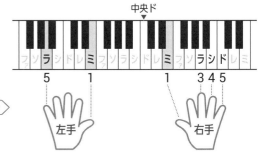

スタートポジション

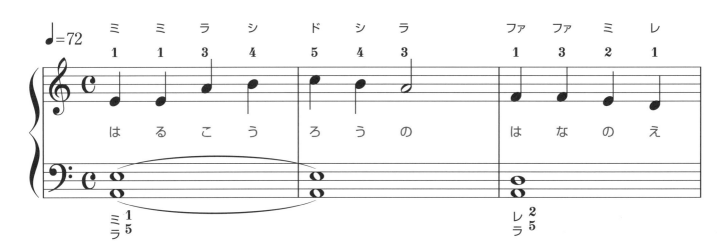

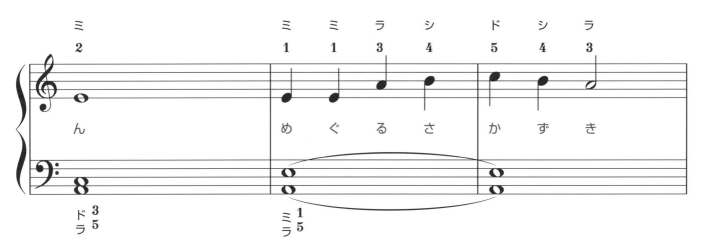

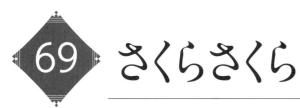

69 さくらさくら

難易度 ★★★★

作詞：不詳　作曲：不詳

もとは江戸時代からある箏（こと）の入門曲で、日本人になじみの
深い「桜」が題材となっています。歌詞は時代によって変えられて
現在の形になりました。ゆったりと弾くことで響きを味わいましょう。

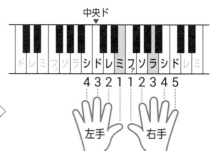

スタートポジション

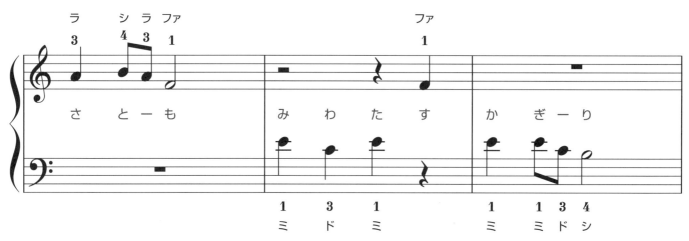

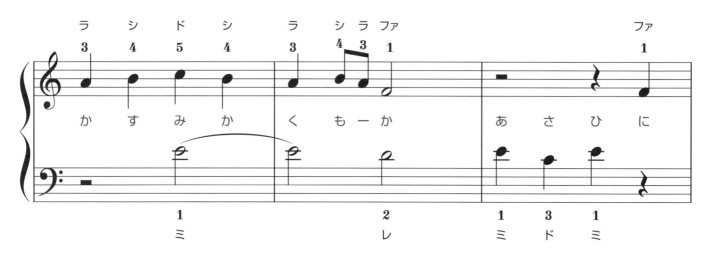

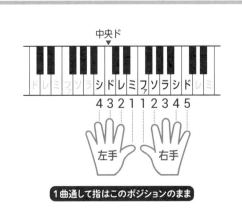

アドバイス advice

「分奏」にチャレンジしてみよう

この曲では、指の位置を固定したまま弾けるアレンジにしました。メロディを左右の手で分けて演奏するという難しさはありますが、手を移動させる必要がないため、初めての方でも弾きやすいでしょう。このように、メロディを左右の手で分けて演奏することを「分奏（ぶんそう）」といいます。

70 さんぽ

作詞：中川李枝子　作曲：久石 譲　歌手：井上あずみ

1998年に公開された、スタジオジブリの映画『となりのトトロ』のオープニングテーマ。軽快に行進するようなイメージで、勢いのある音で元気よく弾きましょう。

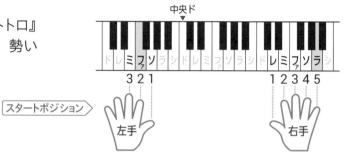

234

アドバイス
advice

スキップするような
弾んだリズム

この曲では、♪♪のリズムがたくさん出てきます。
これはわかりやすく言うなら、るんるんとスキップをしているときのリズムです。大人になるとスキップをすることはあまりないですが、ぜひ指先がスキップするイメージで、ご機嫌に奏でてみてください。

重い　軽い

長いほうを重く、短いほうを軽く感じる

71 ちいさい秋みつけた

作詞：サトウハチロー　作曲：中田喜直

秋をテーマにした歌を発表するというNHKのラジオ企画のために作られた歌。音量をコントロールして、ささやくように奏でましょう。左手・右手ともにト音記号で書かれていることに注意。

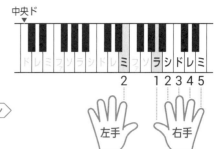

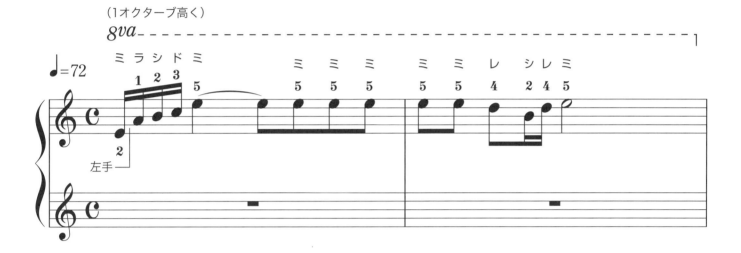

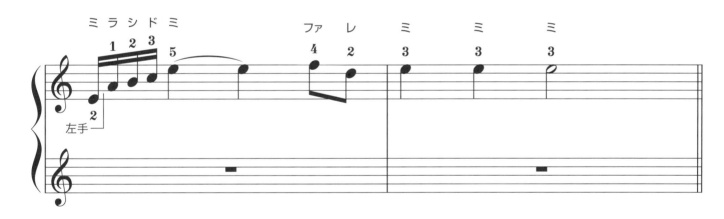

237

曲の雰囲気を感じながら音を出す

アドバイス advice

この曲のように、どこかもの悲しい、哀愁を帯びた雰囲気の曲を「短調」といいます。英語では「マイナー」といい、音色のイメージはダークな感じ。一方、その対極にあるのが、明るい雰囲気をもつ「長調」。英語では「メジャー」といいます。音色のイメージは明るくクリア。

短調・長調を、弾き分けられるようになると素敵ですね。まずは、それぞれの曲の雰囲気をしっかり察することが大切です。そのうえで、どんな音色を出したいか、どんなふうに弾きたいか、ぜひイメージをふくらませてみましょう。

72 となりのトトロ

作詞：宮崎 駿　作曲：久石 譲　歌手：井上あずみ

スタジオジブリの映画『となりのトトロ』のエンディングテーマ。ほのぼのとした無邪気な子どもの世界をイメージしながら、弾きたい曲です。メリハリのある演奏を目指しましょう。

難易度 ★★★☆☆

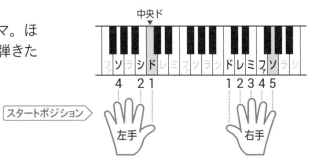

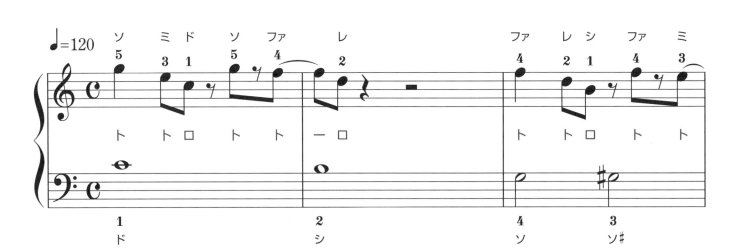

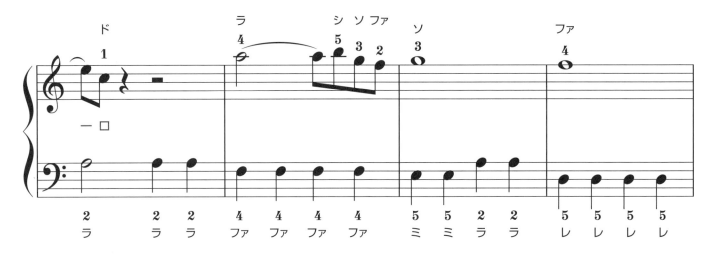

73 夏は来ぬ

作詞：佐佐木信綱　作曲：小山作之助

1896年に作られた唱歌。夏の季語を多用し、日本の古きよき初夏の情景を描いています。2小節をひとまとまりに感じて弾きましょう。最後の2小節はそよ風が吹くイメージで。

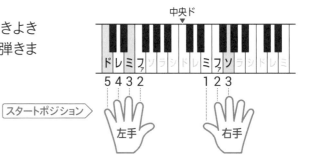

74 ペチカ

作詞：北原白秋　作曲：山田耕筰

かつて多くの日本人が南満州に住んでおり、そこの子どもたちの
ために作られた唱歌。ペチカとはロシア式暖炉のこと。フェルマ
ータ（⌒）の音は心を込めて十分に伸ばしましょう。

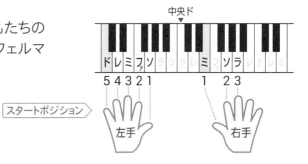

245

75 埴生の宿

作詞：里見 義　作曲：ヘンリー・ローリー・ビショップ

難易度 ★★★★★

19世紀の古い歌ですが、映画『ビルマの竪琴』、『火垂るの墓』の挿入歌にも使用され、今でもポピュラーな歌です。左手の和音は、メロディを包み込むイメージで音量バランスに気を配りましょう。

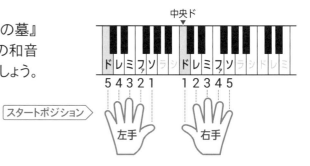

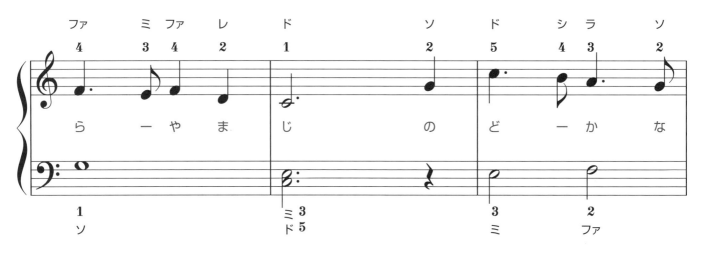

76 マイバラード

作詞：松井孝夫　作曲：松井孝夫

学校でよく歌われている合唱曲です。「心燃える歌が」の部分は両手のリズムをしっかりそろえるのがポイント。続くサビからは伸びやかに演奏してメリハリをつけましょう。

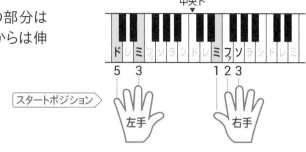

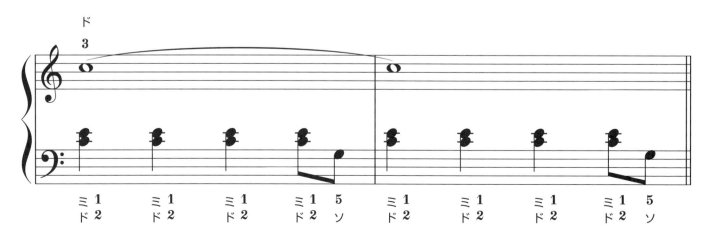

♪ マイバラード

251

77 夢をかなえてドラえもん

作詞：黒須克彦　作曲：黒須克彦　歌手：mao

2007年から2019年まで、TVアニメ『ドラえもん』のオープニングテーマとして流れていた曲です。ワクワクとした気持ちで、弾んだリズムで軽快に演奏しましょう。

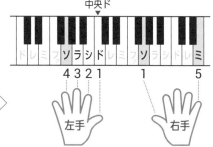

スタートポジション

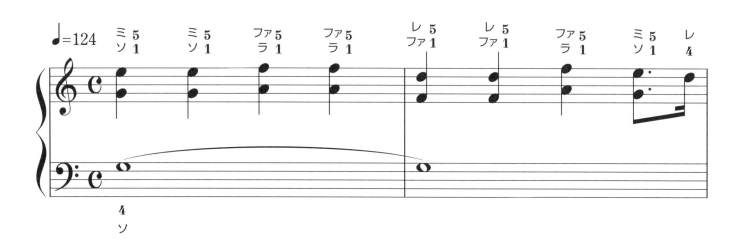

こ　ろ　の　な　か　い　ー　つ　も　いつ　も　え　が　いて　る　ー

編著者 **丹内真弓** (たんない まゆみ)

東京音楽大学ピアノ科卒業。クラシック、ポップス、ジャズなど、あらゆるジャンルに対応するピアニストとして活躍中。作、編曲も手掛ける。舞台音楽、レコーディングや楽譜出版物多数。主な著書に『DVD一番やさしい すぐに弾けるピアノ・レッスン』『3コードから弾ける!やさしいピアノ名曲150』『はじめてでも最後まで弾ける 大人のピアノ名曲77〜クラシックから定番のポップスまで〜』(西東社)がある。

オフィスタンナイ主宰
全日本ピアノ指導者協会会員　日本音楽著作権協会会員
● Office TANNAIオフィシャルサイト
http://piano.a-3mt.com/

協力	吉田厚子 (オフィスタンナイ)
デザイン	佐々木容子 (カラノキデザイン制作室)
DTP	株式会社センターメディア
編集協力	前田明子 (オフィスマカロニ)
浄書	オフィスマカロニ
スチール撮影	寺岡みゆき
録音/動画撮影	木村 玲 (白金ピアノスタジオ)
写真提供	© Hajime Ishizeki/orion/amanaimages、© eka/WAHA/amanaimages、shutterstock、istock/Getty Images

はじめてでも最後まで弾ける 大人のピアノ
心に響く 美しいメロディの名曲77

編著者	丹内真弓
発行者	若松和紀
発行所	株式会社 西東社
	〒113-0034　東京都文京区湯島2-3-13
	https://www.seitosha.co.jp/
	電話　03-5800-3120 (代)

※本書に記載のない内容のご質問や著者等の連絡先につきましては、お答えできかねます。

ISBN 978-4-7916-3088-2